◆ 吉林省发展和改革委员会课题"激发吉林省民间投资发展活力的制度安排与政策建议"的阶段性成果

◆ 吉林省科学技术厅自然科学基金项目"面向系统性金融风险监测的贝叶斯模型构建和机器学习关键技术研究"（20190201134JC）的阶段性成果

◆ 吉林省社会科学 2018 年度一般项目"吉林省民间投资发展活力的激发研究"(2018B93) 的阶段性成果

民间资本对接
"麦克米伦缺口"的
法金融制度安排

Macmillan Gap

李阳 李硕 麻琳 井丽巍 著

社会科学文献出版社
SOCIAL SCIENCES ACADEMIC PRESS (CHINA)

摘　要

　　"麦克米伦缺口"的实质并非简单的"资金缺口",还是信任等"社会资本缺口",因此解决和治理这个问题的关键是要解决"信任"的制度基础问题。而治理融资缺口中"社会资本匮乏"的方略,可以表现为"私人秩序"与"公共秩序"的某种最优组合。因此,在本课题研究中,整个民间资本可以划分为两大部分、三个层次。一部分是可以引导直接转为正规化的民间资本,使其进入公共秩序,以民营银行等正规金融机构为代表,此部分为第一层次。另一部分是一段时间内无法实现正规化的民间资本,留在私人秩序;就私人金融秩序来说,非正式金融治理制度包括以声誉为基础的自我实施治理和非正式的第三方或自治性质的金融组织治理;因此,这一部分又可以划分为两个层次,即可以引导进入市场信誉或金融信誉中间载体的民间资本和纯私人秩序的民间资本。本课题主要关注推动三个层次的民间资本有效对接"麦克米伦缺口"的法律制度安排及实现路径。

一是民间资本投资偏好与"麦克米伦缺口"的拟合度研究。本研究主要考察实践领域民间资本的发展状况、投资偏好和"麦克米伦缺口"的现实状况，并在此基础上从数量、特征和需求等方面分析民间资本投资者的投资偏好、投资需求和民间资本与"麦克米伦缺口"的拟合度，以揭示二者对接的必要性和重要性。

二是民间资本对接"麦克米伦缺口"的法金融案例研究。自2012年3月28日以来，温州作为金融改革试验区，成为解决民间资本出路和引导民间融资规范发展的先驱，其成功经验和所暴露出来的问题都极具代表性。因此，本课题将对温州试验区案例进行深入研究，利用访谈和问卷调查数据，在实践和现状分析的基础上，总结"麦克米伦缺口"的中国式治理的成功经验，重点关注制度缺陷，研究影响民间资本对接"麦克米伦缺口"积极性的主要因素，为进一步深入研究及完善制度设计提供参考依据，为民间资本进入公共秩序的制度设计提供有价值的参考依据。

三是民间资本有效对接"麦克米伦缺口"的法金融制度安排。本部分研究主要围绕民间资本的模块划分展开，具体包括四个部分。一是民间资本有效对接"麦克米伦缺口"的基础性制度构建，包括利率市场化的实现路径和中小企业信用评级制度的构建。二是民间资本通过公共秩序有效对接"麦克米伦缺口"的制度安排，具体包括民间资本的市场准入制度设计、民营银行等金融机构的金融监管制度设计和民营银行等金融机构的市场退出机制设计。三是民间资本通过中间载体有效对接"麦克米伦缺口"的制度安排，具体包括中小企业创新型信息披露制度设计，平台注册、备案制度设计和平台运行监管的制度设计。四是民间资本通过纯私人秩序有效对接"麦克米伦缺口"的制度安排，具体包括适当的认可机制与责任安排、相对独立的事后司法机制设计和相对独立的事前监管机制设计。

四是民间资本有效对接"麦克米伦缺口"的实现路径。执法效率是解释一国金融发展规模的一个重要变量，制约转轨经济国家金融市场发展的一个重要因素是执法效率的低下。转轨国家要提高金融市场的投资者保护水平，增强投资者信心，除了具备完善的法律制度设计外，还要提高执法效率。因此，本部分研究主要由两方面构成：一是通过对企业信用、投资者风险和中小企业融资效率关系的实证研究，找到通过加强中小企业信用建设、降低投资者风险实现二者对接的路径。二是通过对执法效率、投资者保护水平和中小企业融资效率关系的实证研究，找到通过提高执法效率、提升投资者保护水平实现二者对接的路径，提出提高民间资本有效对接"麦克米伦缺口"的执法效率的具体对策。

五是民间资本有效对接"麦克米伦缺口"的配套政策建议。本部分从激发民间投资者的投资潜能、内外部优化民间投资环境、加强中小企业自体循环和自我提升、充分利用金融创新四个方面对实现二者有效对接提出具体的配套政策及建议。

目　录

第一章
绪　论

　　"麦克米伦缺口"由英国政治家麦克米伦在 1931 年提出。他指出中小型企业在筹措长期资本时，由于信息不对称等原因存在融资缺口，需要政府采取措施进行治理，由此中小企业融资难被称为"麦克米伦缺口"。1929 年，爆发了一场迄今为止最为严重的世界经济危机。英国政府为了解决这次经济危机，委任以麦克米伦为首的英国"金融产业委员会"对英国个别行业的经济运行状况进行考查。经过大量调研考察后，麦克米伦完成了一份《麦克米伦报告》。该报告指出，英国的中小型企业在运营过程中存在难以获取融资的问题，资金供给方由于多种原因，不肯为中小型企业提供资金，使中小型企业资金存在缺口。这种资金缺口也叫作"信用配给不足"。在这之后，人们把中小型企业在生产经营过程中存在的资金缺口叫作"麦克米伦缺口"（Macmillan Gap）。

从现象上看,"麦克米伦缺口"是市场调节失效后在企业身上的一种反映。但在实际的市场经济运行过程中,根本就不存在完全竞争的市场结构。由于所谓"完全竞争市场"存在的前提条件太过苛刻,所以这在实际经济市场运行过程中,是不可能实现的。由于信息的时效性、市场的垄断性等因素的存在,以及在公共用品领域内,单单依赖市场的调节作用来配置资源,其效率并不能达到帕累托最优,从而出现了市场调节失效。"麦克米伦缺口"状态下的市场调节失效主要有以下三个特征。

首先,这种市场调节失效是一种"帕累托改进"的状态。假设在对某种资源的分配进行调节时,在一项资源情况有所改善的同时,没有使其他资源境况变得恶化,类似于这样的调整,人们把它叫作"帕累托改进"。在一个理想的追求资源利用率和生产效率的市场环境下,市场能够准确地进行资金调节,达到资金需求与供给的平衡。由于在企业融资过程中存在困境,资金提供者并没有将手中的资金资源合理有效地分配给资金需求者,资金的需求与供给没有得到及时调整,所以就不能达到双赢。

其次,造成"麦克米伦缺口"的根本原因在于,在现有金融体系大环境下,中小企业无法顺利地融入现有的经济体制中。在社会主义市场经济大环境下,中小企业经济活动的重心是达到资源利用效率最高和经济利益最大化。然而,由于许多中小企业可供抵押的资产较少、担保能力弱、管理制度和财务制度不完善、信用水平低等，银行等信贷机构普遍认为贷款给中小企业是高成本、高风险、少利润的行为。大部分银行及贷款机构更倾向把信贷资源投向那些拥有规模庞大的资产、财务及管理制度完善的大型企业，而不愿意给中小企业。这就导致大量中小企业在通过金融机构获得足量资金方面有着很大阻碍。与此同时，中小企业的信誉度普遍低下，采取上市方式通过资本市场进行融资的道路也行不通。由此观之，在现有经济大环境下，无论是采取间接融资还是采取直接融资，中小企业的融资都十分艰难。

最后，市场对资源的调节作用之所以在"麦克米伦缺口"状态下没有得到展现，是因为在这种状态下存在着大银行的垄断。我国目前的金融体系是以国有银行为主，一直以来，国有银行的主要服务对象是国有企业。一些大银行往往缺乏对中小企业经营信息的了解，与中小企业之间交易存在更高的交易成本，因而不愿意为中小企业融资，这就导致中小企业更难获得资金来源。市场对资源配置的失灵使市场对资源调控能力变弱，是借贷双方供求不平衡等因素共同作用的结果。据统计，目前我国中小企业占全国企业总数的 97%，中小企业对全国 GDP 的贡献率达到 65%，为国家贡献的税收总额占 50% 以上，成为推动国民经济快速健康发展的强大力量。[①] 中小企业的快速发展，大大提升了社会对金融服务业的需求。然而不论是各个金

---

① 北京博研智尚信息咨询有限公司：《2018～2024 年中国中小企业市场现状调研与发展趋势分析报告》，中国市场在线，http://www.cninfo360.com。

融机构还是大型国有商业银行，对中小企业的金融支持力度都相对较小，而能够支持的小部分资金往往满足不了中小企业在发展过程中对资金的需求。

就中国而言，随着中小企业不断发展壮大，"麦克米伦缺口"问题也逐步凸显。中小企业在融资时会遭遇三个层次的金融行为，即"白色金融""灰色金融""黑色金融"。由于信息不对称等原因，白色金融在贷款偏好上普遍存在对中小企业的歧视，加之企业自身出于控制权等因素的考虑，这一层次的资金很难与"麦克米伦缺口"形成有效对接，从而使缺口问题比国外更严重。然而，中国民间也积聚了大量资本，存在于民营企业的流动资产和家庭资产中，由于国内金融投资产品匮乏，加之没有良好的法律制度环境，这一巨大的资本得不到有效释放，进而造成民间资本存量巨大与中小企业资金短缺的矛盾现象。如何在两者之间架起一座桥梁，形成有效对接，对中小企业融资这一世界性难题的破解、金融体系的完善乃至中国经济的整体发展都具有重大的现实意义。

中国不仅存在一般意义上的"麦克米伦缺口"，更存在由制度供给短缺形成的放大形态的"麦克米伦缺口"。对在体制内很难得到融资的中小企业来说，只能在灰色或黑色金融空间里寻求突围，声誉机制和关系治理的私人秩序在中小企业融资过程中扮演了极为重要的角色。但是，由于民间信用体系的内生性缺陷，"麦克米伦缺口"更多地表现为制度化信任等社会资本缺口，进而导致民间金融关系的私人秩序在自发演进过程中金融风险不断累积，这需要从制度化、法律化的视角来重新思考这个世界性的金融难题。传统的认识认为，法律制度是金融发展的外部环境，但"麦克米伦缺口"的治理经验表明，中国已于1989年就开始从严格刚性的制度治理向刚柔并济型治理模式迈进。但法律制度的含混与矛盾，给现实中的执法造成了诸多不确定性，这势必不利于民众预期的稳定性和信任等社会资本的累积。何种法律制度和金融安排符合中国民间资本对接"麦克米伦缺口"的内在需求，需要进行大量探索和深入研究，从而探寻未来中国式"麦克米伦缺口"的治理之路。

第一节　目前国内外研究现状

法金融理论研究起源于 LLSV 在 1998 年对法与金融相结合的开创性研究。该理论认为：法律传统的历史性差异影响了各国对投资者保护法的制定和实施、投资者决策、公司治理效率，进而影响金融市场的深化程度。大量学者沿着这条线索开展了法律、金融与公司治理的研究，并关注这一理论在特定国家的应用与创新。综观这些研究，最重要的学术贡献就是发现了法律或法律起源在金融发展差异解释中的基因图谱和密码，并由此初步形成了法律与金融理论研究的主流学术内容。该理论体系主要有以下几个方面的研究成果：一是法律、投资者保护与金融稳定。

Johnson S. 等认为，从法律制度与金融发展的稳定性和可持续性方面来看，法律的重要作用不可小觑。[①] 二是法律起源、投资者保护与股息支付率。La Porta 等通过对 33 个国家的 4103 个公司的数据样本进行统计分析后认为，普通法系国家的股息支付水平高于民法法系或成文法系国家股息支付水平。[②] 三是法律、投资者保护与银行业的发展。Julan Du 借鉴了主流法律与金融理论的 LLSV 指标设计框架，经实证研究发现，法律制度影响金融危机发生频率和严重程度的机理。[③] 四是法金融与经济增长关系。以 Levin 为代表的学派认为，经济增长和发展的能力取决于该经济的金融体系质量。这与中国经济的高速发展形成了鲜明对比。国际上已经有学者注意到中国金融发展的特殊性，并对主流的私人权利保护假说和血统优越论进行了理论反思。[④] 富兰克林等对中国的法、金融与经济增长关系进行了研究，发现与实际情况相结合的、有特色的制度选择有效地替代了标准公司治理机制和融资机制。[⑤] 马库斯·陶

[①] Johnson S. , Boone P. , Breach A. , Friedman E. , " Corporate Governance in the Asian Financial Crisis," *Journal of* Financial *Economics* 58 （2000）.

[②] La Porta, Florencio Lopez-de-Silanes, Andrei Shleifer and Robert W. Vishny, "Agency Problems and Dividend Policies around the World," *The Journal of Finance* 1 （2000）.

[③] Julan Du, *Legal Institutions*, *Structure of Foreign Capital Flow and Financial Crises*, Working Paper of the Chinese University of Hong Kong, 2005.

[④] 载张建伟《"法律与金融"交叉研究漫谈（上）》，《金融法苑》2008 年第 3 期。

[⑤] 载董琦《中国金融中介功能完善的战略研究》，复旦大学博士学位论文，2008。

贝和马库斯·康莱等人把非正式制度安排纳入主流法律、金融与增长理论的框架中，肯定了非正式制度安排在经济转型时期发挥的重要作用。[①] 五是法金融的本土化研究。杜媛运用法金融相关研究成果分析现代资本结构及各种制度的作用机理[②]，曾斌、曹晴运用法金融理论对证券发行监管制度进行了全面分析[③]，冯旭南等基于法金融理论探讨了法律、经济转轨与金融发展间的关系[④]。

在"麦克米伦缺口"治理方面的研究，国内外学者多围绕缺口成因而展开。Porteous 和 Greenwood 等证明，融资成本与单个金融机构贷款辐射范围的半径呈现正比例关系，处于经济欠发达地区的中小型企业更难获得必要的资金支持。[⑤] 冯金余从分工的视角指出了政策性中小银行、民间金融机构和国有银行的关系，以及在融资及担保贷款、风险资本等方面都有其生存的逻辑。在这个融资分工过程中，需要国家营造一个宽松的内生性金融制度环境和

---

① 马库斯·陶贝、马库斯·康莱、袁东阳：《中国的法律、金融与增长悖论——中国正规与非正规金融部门中的借贷渠道》，《发展经济学研究》，经济科学出版社，2012。

② 杜媛：《资本结构决定因素与逻辑探析——对法金融学派观点的评述与思考》，《外国经济与管理》2007 年第 12 期。

③ 曾斌、曹晴：《我国证券法实施效率的法律金融解析》，《山东大学法律评论》2011 年第 1 期。

④ 冯旭南、李心愉、陈工孟：《法律、经济转轨和金融发展——法和金融学研究综述》，《当代会计评论》2011 年第 1 期。

⑤ 载陈爱艳、宁军明《珠三角金融集聚与经济增长》，《海南金融》2008 年第 8 期。

一个高效的产权界定与司法系统。① 李海燕认为企业自身经营状况、信用水平、新金融工具的运用和企业结构的调整成为解决"麦克米伦缺口"的根本要素。② 万伦来等在分析了"麦克米伦缺口"的演变趋势后指出，应通过调整利率和完善社会保障体系来治理缺口。③ 郑宏韬从促进中小企业自身发展，加强金融创新，完善中小企业融资市场体系、信用体系和法规体系，放开民间资本和发展风险投资等若干方面治理缺口。④ 张建伟从法金融的角度，总结了中国民间金融治理"麦克米伦缺口"的经验和教训，指出了在这一实践领域中法金融制度存在的欠缺，从而在理论上倡导一种动态的"法律与金融观"，在政策应用上提出了中国未来民间金融治理的战略构想和法律设计的基本理念。⑤

从以上研究可以看出，法金融理论界虽然先后从法律对现实的适应性保护机制和司法独立对私人所有权的保护机制等方面对促进金融发展的因素做出了精辟论证，但这些论述要么过分关注法律起源或与之相关的资源禀赋，要

① 冯金余：《麦克米伦缺口的化解：一个分工的视角》，《广西财经学院学报》2007 年第 1 期。

② 李海燕：《化解我国"麦克米伦缺欠"的途径探讨》，《中国商贸》2011 年第 17 期。

③ 万伦来、丁涛：《麦克米伦缺口的"U 形"演变趋势：理论与实证研究》，《经济学动态》2011 年第 12 期。

④ 郑宏韬：《浅析我国中小企业融资"麦克米伦缺口"的解决策略》，《时代金融》2013 年第 30 期。

⑤ 张建伟：《法律、民间金融与麦克米伦"融资缺口"治理——中国经验及其法律与金融含义》，《北京大学学报》（哲学社会科学版）2013 年第 1 期。

么过分关注法金融的经济效率价值；在对法金融的本土化应用研究中绝大多数学者关注企业资本结构和资本市场发展规模等相关问题，而对关于"麦克米伦缺口"治理的应用研究却很少。

学界对"麦克米伦缺口"治理的研究成果也颇为丰硕，为这一难题的破解做出了很多的贡献，并为进一步研究积累经验，指明方向。但是，站在法金融的视角考虑这一问题的研究相对较少，从法金融的视角专门探讨民间资本对接"麦克米伦缺口"的研究则少之又少。目前，仅有的研究成果为如何处理金融与法律的关系并将其应用于民间资本治理"麦克米伦缺口"指明了方向，但就如何捋顺民间资本与"麦克米伦缺口"的关系，如何构建民间资本有效对接"麦克米伦缺口"系统化的法金融体系与制度安排，鲜有进行全面深入的探讨，这也为本课题留下进一步深入研究的空间。

第二节　研究思路

首先，通过文献检索、参加国内外学术活动、合作研究、学术访问等方式，了解国际前沿理论和国内民间资本及"麦克米伦缺口"的现实发展状况；通过比较西方发达国家与中国治理"麦克米伦缺口"的实践经验，找出它们之间的相似性与差异性。其次，通过对温州试验区进行案例研究，利用访谈和问卷调查数据，在对民间资本投资历史和现状分析的基础上，总结成功经验，重点关注制度缺陷问题，研究影响民间资本对接"麦克米伦缺口"的主要因素，为进一步深入研究和完善制度设计提供依据；进而，最大限度地实现先进理论与中国实际的有机结合，结合中国民间资本特征和"麦克米伦缺口"现状，在法金融理论的基础上，深入研究民间资本有效对接"麦克米伦缺口"的法金融制度安排，努力构建一个相互支撑、相互协调、统一完善的法金融制度框架。最后，在实证检验执法效率是该制度安排的有效实现路径的基础上，给出切实可行的路线图，进而提出提高民间资本有效对接"麦克米伦缺口"的执法效率的对策建议（见图1-1）。

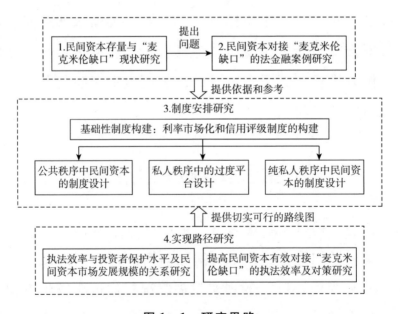

图1-1　研究思路

第三节　研究方法

1. 数据调查和抽样分析方法

数据收集和调查是本课题研究的基础，研究采用各种随机和非随机抽样方法，重点关注民间资本投资和"麦克米伦缺口"的现状。

2. 案例研究与问卷调查相结合

对金融改革的代表性先驱温州试验区进行案例研究，利用访谈和问卷调查数据，在民间资本投资历史和现状分析的基础上，总结成功经验，重点关注制度缺陷问题，研究影响民间资本对接"麦克米伦缺口"的主要因素，为进一步深入研究和完善制度设计提供依据。

3. 规范分析

以法金融理论为基础，采用规范分析方法，研究具有不同规模和特点的民间资本有效对接"麦克米伦缺口"的法金融制度设计，探讨此类制度设计下的金融市场资源配置效率。

4. 实证分析

运用实证分析方法，研究执法效率、投资者保护水平和民间资本市场发展规模之间的相互关系，为给出民间资本有效对接"麦克米伦缺口"的制度安排和实现路径提供依据。

第二章

民间资本投资偏好与"麦克米伦缺口"的拟合度研究

自改革开放以来，各个产业不断壮大和增强，民间投资的力量变得更加突出，民间投资占全社会资本投资额的比重超过了七成，并且呈现逐年递增的态势。因此，深入探讨民间投资潜能、投资偏好及其与"麦克米伦缺口"拟合度等相关问题变得日益重要。

第一节　民间投资的内涵界定及发展综观

投资是指特定的经济主体为了在未来可预见的时期内获得收益或资产增值，向一定领域投放足够数额的资金或实物（货币等价物）的经济行为。

民间投资是指来自民营经济所涵盖的各类主体的投

资，具体包括个体投资、集体企业投资、私营企业投资和私有资本控股的股份制企业投资，也可以理解为全社会固定资产投资总额扣除国有经济和其他类型公有经济的投资，这剩下的部分就包括了集体经济、个体私营经济、股份制经济、外商直接投资经济和联营经济。总之在经济学领域中，对民间投资的范围划分并未有明确清晰的界限，但民间投资作为一种重要的投资类型是客观存在和必不可少的。

民间投资者，既是民间投资的具体决策者也是实施者。民间投资是一个宏观上的概念，而民间投资者是指具体的人，他们大多数是个体或私营经济所有者、集体经济所有者和个体投资者。简单地说，拥有决策民间资本投资方向的人可以看作民间投资者。民间资本不同于国有经济和其他类型公有制经济的资本，国家的经济政策对民间资本更多的是一种引导和调节，不像在中国经济中处于主导地位的国有经济和作为主体经济的公有制经济资本那样，受国家宏观调控的影响较大，政策偏斜度大。民间资本更多地反映一个地区市场需求的变化方向和民众投资意愿等。举例来说，近年来的第三产业尤其是旅游业发展迅速，使民间资本更多地倾向于投资旅游产业及其相关周边产业，而一系列数据也的确反映了这一现象。所以合理利用和疏导民间投资的方向越来越重要。

近年来，我国经济一直处于一个筑底企稳的阶段。其中以民间投资为首的民营经济，已然成为我国经济发展的中坚力量。在20世纪末期，民间投资展现出不凡的实力，增长的势头非常迅猛，但在步入21世纪之后，民间投资虽仍处于增长态势，但增长率却逐年减缓。若分区域来看，民间投资增速回落最快的当属西部区域，从2014年7月20.8%的增长率直接回落到2015年12月的4.8%。下降幅度之大令人震惊。在此期间，西部区域的整体经济也呈现出急速下滑的态势，同比下降了14个百分点。而中部和东部下降态势平稳，并无太大的波动。若按产业类别来看，第一产业的民间投资依然保持持续增长的态势。农业（包含种植业、林业、畜牧业、水产养殖业等直接以自然物为对象的有关行业）的民间投资增长率与往年相比增长了24%。第二产业中制造业的民间投资水平呈现平稳态势，例如电力、热力、水力等；但资源型行业（指矿产的采集和挖掘，不可再生能源的采集与加工等）的民间投资增速大幅下降，各方面均出现"断崖式"下跌。第三产业则呈现全面稳步上升的态势。

在2016年第三季度，我国的民间投资增长了2.6%，这才结束了长期以来增长率持续回落的态势。虽然如此，我国的民间投资相比于社会总投资，仍处于低位态势，逐步成为我国宏观经济下的一大"痛点"，引起全民全社会的广泛关注。自2016年5月以来，李克强总理在10次国务院常务会议中有4次提出关于民间投资的话题，并指出："抓住社会投资，尤其是民间投资这个影响中国经济未来发展的关键点，发挥促进发展的千钧之力。"① 国务院在针对已然落后的关于民间投资的各项政策方面发布了改进办法并且出台了推进民间投资发展的众多新政策，如《关于进一步做好民间投资有关工作的通知》《促进民间投资健康发展若干政策措施》《降低实体经济企业成本工作方案》《关于积极稳妥降低企业杠杆率的意见》《传统基础设施领域实施政府和社会资本合作项目工作导则》等②，除此之外还下派了许多督导组到全国各地进行调研，政策和调研双管齐下，这种重视程度实属少见，可见政府想要通过优化相关政策来刺激民间投资的发展，进而带动中国经济腾飞的迫切心态。

对比国家民间投资现状，自 20 世纪末以来，民间投资已经逐渐成为推动吉林省经济发展的重要力量。《中国统计年鉴》显示，民间投资占全社会投资的比例在 2011 年为 18.9%，2012 年为 28.4%，2013 年为 33.0%，2014 年为 40.3%，2015 年为 44.2%，基本呈现逐年递增的趋势。与同期中部发达省份相比，以 2013 年为例，吉林省民间投资占全社会投资的比例为 33.0%，而湖南省为 57.8%，河北省为 67.0%，山西为 64.2%，湖北省为 52.4%；个体民营经济投资占全社会投资的比例，湖南省为 23.1%，河北省为 26.0%，山西省为 29.2%，湖北省为

① 储思琮：《民间投资增速回落：李克强为什么抓住这件事不放》，《新京报》2016 年 7 月 19 日。
② 《投资北京》编辑部：《让民间资本投资"有门"》，《投资北京》2016 年第 9 期。

17.0%，而吉林省仅为 7.4%，当年全国平均值为 12.6%。

　　非政府性企业投资的发展情况对整个民间投资的影响巨大。可以说基本占民间投资的 70%。经过多年的努力与发展，非政府性企业投资已成为拉动民营经济、扩大社会就业的一大渠道，并且涵盖面极其广泛，涉足了工业类、服务类、电信类等众多产业。为缩小我国贫富差距，保持社会稳定，推动经济发展做出了不可或缺的贡献。有关资料表明，目前我国民营企业已达 2498 万户，占全国企业总数的 88.53%。①

　　民间投资者除了指占有很大份额的民营企业之外，居民个人的投资活动也占了很大一部分。现有的居民个人投资渠道除了银行储蓄、购买国债和后续衍生出来的支付宝中的余额宝、微信理财通等互联网金融（这类通过投入资金赚取微弱利息收益的投资）外，还包括投资信托产品、投资股票、购买债券、购买股权以及购买商业保险和投资固定资产（比较普遍的就是投资房地产）。这些投资分别具有不同的特点，例如银行存款储蓄和购买债券对居民来说是最便捷的一种投资方式，但回报率非常低，而且投资周期一般较长。部分居民利用手里的闲钱进行此类投资，这类居民大多并不期望这种投资能为自己带来多大的经济利益，只求稳定发展，持有保底的心态。购买股票则是一项高风险、高收入的投资项目，可以轻易实现一夜暴富，

---

① 马本江、张瑜、周忠民：《混合所有制改革背景下国有资本投资民营企业的条件融资契约设计》，《商业研究》2018 年第 10 期。

这也是"炒股"之所以风靡全国的一个重大原因，大家仿佛看到了一条发家致富的捷径。但殊不知有多少投资者经历过炒股失败，一夜回到"解放前"而破产的绝望。这也许是炒股的魅力，你永远不知道下一秒会发生什么。喜欢投资股票的居民投资者大多胆大心细，有一定拼搏精神，对该项投资能够带来的收益期望值较高。购买商业保险则是针对自身风险本身而购买的保险，能够合理地可预见地规避风险。而投资房地产具有固定不可移动、投资周期长而且成本较高等特点。

第二节　民间投资者投资潜能发展的制约因素

一　投资环境不利

我国的财政政策重视对城市交通和能源治理等方面的投入，疏于对民间投资的扶持。国内有许多垄断行业坐拥社会财富的很大部分，是国有资本投资的天下，民间投资无力从中分出一杯羹，使民间投资大多投入传统的固定资产投资产业，例如房地产和制造业投资等，导致民间投资很难有大的发展。民间投资的审批程序烦琐而复杂，并且审批条件非常苛刻，这是对民间投资的歧视行为。这些现象的出现主要与居民个体投资者的观念还没有跟上社会经济的转型发展有关。

二　投资渠道狭窄

对居民个体投资而言，居民投资渠道狭窄并且路径缺乏，在县以下的乡（镇）几乎买不到国债和股票，更接触不到金融衍生品、期货等交易品种等。于是，这部分资金离开了正规金融领域，走向民间投资的"野路子"。调查发现，目前金融机构能够提供的服务相对匮乏，不能满足居民个体投资者的需要。这就造成了居民有钱没处投的现象。有资料显示，民间空闲的资金存量逐年攀升，居高不下。[①] 这说明居民手中的资金非常充裕，没有投入到资本市场中，个中原因值得思考。

对非政府性企业投资而言，投资渠道狭窄意味着民间投资者缺少好的投资项目，难以找到适合民间投资的市场。所以投资渠道狭窄成为抑制民间投资者投资潜能发展的一大因素。

三　盈利低且风险高

在中国经济进入新常态后，经济发展正面临前所未有的重大压力，投资风险逐渐加大，并且投资回报率也大不如从前，呈现逐步下降的态势。这一现象导致很多民间投资者不管是非政府性企业投资还是居民个体投资者都不再敢，也不愿意再进行民间投资。

---

① 周振海：《民间金融的现状及出路》，《银行家》2005 年第 6 期。

四 民间投资者自身能力不足

现有的非政府性企业投资，还处于不太稳定的阶段，许多方面还存在纰漏，管理上也不尽完善。当年在民营企业兴起的时候，无数民间投资者一拥而上，由于大部分企业并没有做好充足的准备，也没有对未来进行合理规划。其中有许多民营企业为了赚取更多的利益不择手段，迷失了发展方向，直至走向落败。如今，国内民间投资的经济形势变幻莫测，在这种状态下，想要在激烈的竞争中生存下来就变得非常困难，民营企业的融资方式也变得更加单一，更难融入资本市场，部分民营企业甚至面临破产的风险。这些都是非政府性企业投资者自身内部能力不足导致的民间投资者投资水平下降。

第三节 "麦克米伦缺口"形成的原因

一 "麦克米伦缺口"形成的内部原因

1. 营运能力差

中小企业融资困难有其自身原因。中小企业原始注册资本少、规模较小、资产总量较少、技术相对落后；大型企业具有规模优势，中小企业在市场面前缺乏竞争力，其营运能力比大型企业差，导致中小企业抗风险能力差。这是银行不愿意放贷给中小企业的原因之一，银行对坏账率有严格的规定，只有持续盈利能力的企业才会有稳定的资金输入，才会有还贷能力，银行对中小企业的偿贷风险心存顾虑。

2. 信用状况不佳

银行等金融机构要给企业放贷就是一场交易，一切交易都是以信用为基础。中小企业自身的信用状况得不到银行的信任，是其得不到银行贷款的阻碍之一。市场上缺乏对中小企业的信用评级机制，导致银行等传统金融机构无法对中小企业的信用等级有个清晰的认识，如要调查中小企业的还贷能力需要花费较高的成本。在这种情况下，银行等金融机构对中小企业的借款通常持谨慎态度。

3. 财务风险大

中小企业的公司治理结构不合理、财务管理观念落后，中小企业财务报表的真实性、合理性常被金融机构质疑，这导致中小企业面临很多潜在风险。在中小企业面临资金短缺时，不能像大型企业一样有较多的资金来源以重新恢复资金链，从而可能导致中小企业资金链断裂。发展的不稳定性与较大的风险是金融机构提供资金时考虑的一个因素。较低的财务管理水平导致信息披露水平的低下，形成信息不对称问题。正因如此，银行等金融机构更愿意将大额的资金贷给大型企业，比起中小企业的小额贷款来讲，收益大、资金相对安全，降低了贷款收不回来的风险。

4. 中小企业经营短期化，内源融资渠道受阻碍

内源融资是企业内部通融的资金，是中小企业非常重要的一种融资方式，是指企业将自己经营活动过程中产生

的资金，转化为对自身的融资，用以弥补企业在生产经营活动中产生资金缺口的过程。由于内源性融资主要由折旧和留存收益组成，因此企业的资产状况、利润水平等共同决定了企业内源性融资的能力。一是我国大部分中小企业生产经营规模相对较小，人员流动速度较快，这就导致大部分中小企业无法向自己的员工提供较高的薪酬和丰厚的福利。二是中小企业往往没有完整的管理体系，对个人能力的依赖性更大。三是大部分中小企业往往不注重企业文化建设，这使员工对企业认同度不高，对自己的工作没有责任心，几乎对企业没有感情。四是中小企业较之于大型企业来讲，往往缺乏稳定性。人才在中小企业既没有很明朗的发展前景，又面临企业可能随时倒闭的危险。这就使中小企业难以吸引并留住人才，最终导致企业内部运营状况逐渐向恶性发展。一个企业，缺少高素质的决策人才，就不会形成良好的决策机制，并且缺少科学的可行性分析，只是单单依据其经验甚至是一时冲动进行决策；缺少高素质的技术人才，就会导致产品结构不合理、质量参差不齐、产品科技含量低，难以开拓新市场；缺少高素质的财务管理人才，就无法建立起合理的财务管理体系，缺乏严密的资金使用计划，从而导致资金利用率低，经营状况日益恶化。这就使内源融资更加艰难。

二 "麦克米伦缺口"形成的外部原因

1. 银行对中小企业惜贷

从外部融资环境来看，五大国有银行在我国银行业中占主导地位，金融体系是以银行为主体再辅以证券等其他金融机构。国有银行在给企业发放贷款过程中存在很强的偏向性，并且这一特性已经延续了很长时间。由于中小企业融资总量小、风险大、坏账概率高，而大型企业通常信誉好、借款资金量大、单次借贷收益大，所以银行更愿意将资金放贷给大型企业；而对中小企业惜贷，可以降低银行自身所承受的风险。同时，我国的三大政策性银行也没有针对中小企业融资的相关保护政策。

2. 资本市场尚不完善

我国的资本市场体系还处于不够完善的发展期，企业上市过程较长，手续复杂，对企业的营收能力提出了硬性要求，中小企业在国内上市对经营指标有硬性规定，如净利润、现金流量、累计收入等，且要求较高，这些硬性要求对创业期或者是刚进入发展期的中小企业来说存在较高的门槛，而处于创业期、发展期的中小企业在生产经营方面又迫切需要资金支持。由于创业期、发展期的中小企业无法从资本市场获得直接融资，这在客观上就阻碍了中小企业的发展。

3. 缺乏合理的担保体系

中小企业信息相对不够透明，银行处于信息弱势，银行通常要求中小企业提供合理的抵押物或者第三方担保。但是，中小企业缺乏合理的抵押物，市场上也缺乏合理的第三方信用担保体系，中小企业在向银行贷款时无法获得担保，而银行单方获取中小企业信息的成本又过高，因此中小企业获得贷款是难上加难。

除了以上主要原因外，中小企业融资渠道狭窄、国家宏观政策、金融体系等很多原因都会造成中小企业融资难的问题，阻碍了中小企业的发展。

4. 政策环境不公平

目前，我国的财政政策和货币政策还带有计划经济的色彩，是按照企业规模及所有制属性制定并实施的，这种有失公允的竞争环境，不利于中小企业的成长。除了个别金融机构在放贷时针对不同的企业规模实行不同的贷款条件之外，一些个体工商户、私营企业甚至达不到金融机构贷款的准入门槛，中小企业贷款条件较大型企业要更为严格，其进入融资市场是很困难的。

5. 国内社会信用环境差，信贷融资渠道不畅

现如今，社会存在的信用危机对中小企业融资来说也是难上加难。特别是近年来社会信用体系和信用观念发生了严重扭曲，欠债、逃债、赖债现象比比皆是，有些中小企业公然欠债不还，令许多银行有口难言。在这种信用的大环境下，银行不得不把防范风险放在第一位。加之近年许多不良贷款处置案例具有极其恶劣的负面影响，这就使金融机构更加不愿意给中小企业贷款。与此同时，我国现阶段大部分中小企业财力、物力资源有限，资产较少、缺乏人才、企业员工整体素质较低；产权结构不合理，内部控制不到位，经营不规范，市场竞争力较弱；财务管理制度不健全，普遍存在企业会计报表、财务信息披露失真的

现象。与此同时，中小企业自身也存在大量的问题，从而使中小企业倒闭率高、存活时间短。就信贷资金而言自然不会流向问题多、风险高、收益差的中小企业。目前，我国还没有出台一部完整有效的法律法规对中小企业信用加以规范；政府部门还存在执法不严等现象，使中小企业漠视信用。这就导致金融机构对中小企业存在偏见，使其不愿意对中小企业放贷。

总体而言，银行对中小企业融资问题表现得较为审慎。主要因为中小企业资金不足，信用水平较低，仅以固定资产作为抵押贷款的数量不足，也难以找到大企业来为自己担保。一些中小企业由于不能很好地适应经营环境的变化，经营风险加大。金融机构以自身经营为中心会优先考虑先为大型企业提供贷款，以扩大经济利益，规避经营风险。

6. 融资成本大幅上升

使用收紧银行体系流动性控制市场中货币资金的流动性，以降低货币在通货膨胀中的不良作用，已经成为我国调整货币政策经常采用的方法。贷款数额降低会使各大金融机构大量减少对外贷款，由此可以向外贷款的资金越来越少，各大金融机构要在借出最少资金的前提下，获取最大的利润。与此同时，银行会利用担保、信托等公司分散风险，由此而增加的费用都会转移到取得融资的企业的身上。企业的融资成本，主要包括名义利息费用、担保费用、保证金的机会成本以及其他相关费用。如果央行连续上调存款准备金率并加息，就会使中小企业获取银行贷款的条件更为严苛，也会使融资成本大大提高。相比大型企业，中小企业倒闭的概率较高，贷款风险就比较大。中小企业要想取得贷款，就必须向金融机构支付比大企业更高的利率，才能获得融资。中小企业固有的高风险特征，使其即使能够从银行取得贷款，其名义利率也通常高出同期基准利率30%左右，再加上银行收取的顾问费、手续费、短期流动资金贷款等的综合费用，贷款利率可能会高达10%~12%；如果是担保公司担保贷款，还得另外加上2%~4%的担保费率；如果银行或担保公司还要求企业存放一定比例的保证金，那么加上保证金的机会成本，融资成本率则会在18%以上。

7. 民间信贷监管缺失，非正规融资引发危机

民间信贷是指在公民、法人和其他组织之间无须经过金融机构而进行的借贷行为，这是"麦克米伦缺口"长期存在和我国国有银行主导下的金融体系的必然产物。随着市场经济的大活跃，中小企业对资金的需求量越来越多，这就使民间信贷活动更加活跃。这在一定程度上解决了中小企业生产经营活动所需的一部分资金，弥补了正规金融机构的信贷缺口，推动了社会资金的流动循环，推动了地方经济的快速发展。但是，由于相关的法律法规和制度建设不完善，民间借贷也出现了许多问题。

（1）民间信贷属于灰色地带，迄今仍没有专门的法律法规对其进行规范和约束，其行为往往脱离政府

与法律的监管。民间信贷资金也是一种资源，而这种资源仅存在于民间，这就从客观上减少了官方金融机构的资金储备。与此同时，许多小额贷款公司还会从银行获得贷款后，再将贷款转贷给中小企业。这使银行信贷资金转变为民间信贷资金，加大了金融市场的风险。一旦出现问题，民间信贷产生的问题就会蔓延至整个金融体系，使中小企业资金缺口变得更大，融资难的问题更加严重。

（2）中小企业对民间信贷的需求不断提高，导致民间贷款利率不断上升。大部分小型企业由于资产规模小、知名度比较低，不具备从银行获取贷款的资格，在迫不得已的情况下只能选择民间信贷。我国经济近十几年的繁荣导致社会对资金的需求旺盛，有需求就有市场，这就推动了民间借贷利率持续上涨，从而进一步提高了中小企业的融资成本，使其经营利润下降。

（3）民间信贷往往手续不健全、融资抵押担保不足，由此产生的经济纠纷屡见不鲜，这必然会增加借贷双方的风险。在借贷双方都缺乏法律知识的情况下，就会发生许多不规范、不合法的信贷关系，就会直接造成经济纠纷。一旦发生这种经济纠纷，一方面会使企业资金链条断裂，另一方面还要支付昂贵的赔偿、诉讼费用。中小企业本身就缺乏资金，这就使自身经济状况难以为继。

第四节 "麦克米伦缺口"融资
偏好的调查

由于课题组处于吉林省长春市，因此本次调查以吉林省为例，围绕"麦克米伦缺口"的融资偏好展开调查。

一 样本选择和问卷调查

1. 样本企业概况

本次被调查的企业经营业务涉及医药、机械制造、建筑、住宿餐饮、房地产、旅游、居民服务、电力燃气、商贸、汽车和煤矿11个行业（见表2-1）。为提高研究的真实性，调研地域范围涉及长春市、通化市、白山市、白城市、延边州五个市州。

表 2 - 1　样本企业调查

单位：家，%

企业经营业务	企业数	所占比例
医药	5	10.42
机械制造	3	6.25
建筑	4	8.33
住宿餐饮	9	18.75
房地产	1	2.08
旅游	3	6.25
居民服务	6	12.50
电力燃气	2	4.19

企业经营业务	企业数	所占比例
商贸	7	14.58
汽车	2	4.19
煤矿	6	12.50

2. 问卷调查及回收情况

本次信息采集运用实地调查、电话采访、纸质问卷、电子问卷等方式,对吉林省中小企业的调查共发出问卷73份,收回48份。问卷内容涉及以下几个方面,一是企业基本情况,包括企业登记类型、行业规模、企业规模等;二是企业融资情况,包括创办时企业筹资途径、企业自有资金所占比例、企业的资本结构中资产负债率、企业融资投向、企业融资渠道、企业融资偏好以及企业对融资环境的看法及建议等。

3. 调查结果

被调查的样本企业主要有以下融资途径:向亲戚和朋友借款,向金融机构借款,以商业信用为桥梁进行融资,向民间金融机构借款,发行股票或债券,等等。从调查情况可以看出:有一半以上的样本企业运用两种以上途径进行融资,许多企业会选择向亲戚朋友借款和向金融机构贷款的融资组合方式。而采用民间借贷方式的企业并不多,企业创办时筹资和融资偏好分别占总数的6.25%(见表2-2)和4.17%(见表2-3)。主要原因是绝大多数企业认为难以负担民间贷款的高利率。多数企业选择了向银行、信用社等金融机构借款或自筹的方式筹集资金,向银行、信用社等金融机构借款是吉林省中小企业的主要融资方式。这些中小企业偏好向银行等金融机构贷款主要是银行贷款利率水平低,在企业可以承受的范围之内。

表 2-2 企业创办时筹资途径

单位:家,%

资金来源	自筹资金	民间借贷	银行贷款	信用社贷款	内部集资	其他
企业数	22	3	14	3	5	1
所占比重	45.83	6.25	29.17	6.25	10.42	2.08

表 2-3 企业融资偏好

单位:家,%

资金来源	自筹资金	民间借贷	银行贷款	信用社贷款	内部集资	其他
企业数	9	2	19	11	5	2
所占比重	18.75	4.17	39.58	22.92	10.42	4.17

二 "麦克米伦缺口"融资偏好的影响因素

1. 内部影响因素

营利性是企业经营的根本原则,追求利润最大化是所有融资决策的出发点。本课题将影响企业融资偏好的内部因素分为盈利能力、企业成长性、企业前景、企业发展规模等几个方面。一个企业盈利能力的强弱与企业内部盈余的积累呈正相关。如果该内部盈余可以使企业充分持续的运转和经营,企业将以内部融资活动为主;若是企业的获利水平低,产生的内部盈余不能满足其正常运转的要求,企业势必会将重心放在外部融资上。企业成长性会影响其融资决策。企业成长性着重体现为固定资产的增加、营业收入的增长。一个企业成长速度加快，会使企业管理者和股东选取净现值较高的项目来进行投资以降低二者之间的代理成本，使企业的利益达到最大化。在企业飞速发展的后期，企业经理会更加偏好以提高在职消费的方式提高代理成本，因此必须要对经理的决策活动进行监督，此时就要依靠债务融资的方式来达到目的。对成长性较低的中小企业而言，内部利益留存就可以满足企业对内部资金的需要，此时不需要外部融资。企业发展前景对企业融资的决策判断具有一定的指导意义。市盈率高低与企业潜能有着千丝万缕的联系，市盈率越高则说明企业前景越好，潜能越大，这是吸引外部资金的一个重要前提。因此，通常情况下市盈率高的中小企业更偏好股权融资。企业的规模是左右管理层制定融资计划的决定性要素，相对大企业而言，小规模企业从金融机构取得贷款较为不易。原因是一般的大型企业信息披露制度完整，企业的外部投资者可以免受信息不对称问题的影响，可以通过更多途径获得大型企业内部的有关信息。此外，大企业可以通过降低交易成本取得债务性融资，加大企业债务融资比重。中小企业普遍产品种类单一、营业范围狭窄，信息披露也较为局限，外部投资者只能获取到有限的企业内部信息，因此中小企业通常无法选择外部融资，会更加偏好于选择内部融资。

2. 外部影响因素

（1）经济体制对企业选择融资渠道具有较大的作用。

若一个中小企业以外部融资为企业融资方式，会受到当前社会经济体制的影响，并且随之改变，企业的生产经营和内部架构会随之做出相应的调整以与其相适应。在社会主义背景下，经济体制在不断革新，由传统的计划经济逐步转变为市场经济。在传统计划经济体制下，中小企业仅以财政融资为其融资方式，融资渠道具有明显的局限性。而在市场经济体制下，中小企业的融资方式开始走向多元化，转变为多种方式并存的势态，银行贷款方式占据着企业融资需求的中心地位。

（2）通货膨胀是制约中小企业的融资方式和融资活动的又一因素。若发生了通货膨胀，中小企业的内部资金不仅会失去购买能力，企业的借款利率还会因此升高。其融资成本大大提高不说，股票发行价格也会随之跌落。如果企业选择在这个时期进行融资，可以说是困难重重，对企业自身不利。换个角度来说，通货膨胀使经济体系下供求关系的稳定性变差，这会加剧企业的融资风险和经营风险。简而言之，消费价格指数在通货膨胀时期会有较大的起伏，间接地加大了中小企业的盈利风险，很容易将企业置于破产的边缘。企业为了规避风险，一般会选择更加稳健的融资方式。

（3）资本市场的发育程度。中小企业融资渠道还受资本市场发育程度的制约。在某些欠发达的市场环境下，关键要素和工具的缺失会阻碍中小企业的融资活动，使其融资活动无法顺利进行。相比之下，在发达市场环境下，企业可供参考的融资结构会更加优化，融资制度也更加健全，其融资活动也会变得更加多样化、合理化。

（4）政府的经济政策起着不可忽视的引导作用。例如，政府出台的经济增长政策、产业政策、货币政策、财政政策和金融政策等。企业融资所承担的交易费用和风险在企业选择融资方式时起到重要作用。政府对中小企业进行政策激励，企业受到政府支持后，约束其融资的条件会减少，获得的资金规模会扩大，有助于满足中小企业的融资需要。因此，政府的经济政策对中小企业融资方式的选择有一定的带动作用。

（5）行业因素。在通常情况下，市场竞争性强的中小企业一般会充分考虑融资可能面临的风险，它们偏好平稳的融资渠道，如采用股权融资来降低其资产负债率，以在竞争激烈的市场中立足。反之，市场竞争性较弱的中小企业由于运营风险较低，其资产负债率偏大，因此更偏好债务融资。

如果中小企业已经处于成长期，是具有很强的盈利能力和市场价值的，企业的抗风险能力有所增强，企业就会为追求其成长所带来的利益而偏好债务融资；如果中小企业已经处在成熟期或衰退期，将会面临来自市场的种种压力和承担更多的运营风险，因此会更加偏好股权融资。

三 "麦克米伦缺口"融资偏好的具体分析

中国是社会主义国家，其经济制度是具有中国特色的社会主义市场经济，但是中国的企业融资方式与欧美等发达国家趋同，主要分为内源融资和外源融资。如果一个国家的市场化程度高，这个国家的企业融资选择会向外源性融资倾斜。对于中小企业而言，由于其成长一般要经历四个阶段，即萌芽、发展、成熟和衰落阶段，在企业生命周期的每个阶段，其面临的融资需要不尽相同，其融资渠道和融资层次也不同。通常情况下，中小企业从萌芽期到成熟期对融资类型的选择依次为自有资金、借贷融资、债券融资和股票融资。

1. 从内源融资与外源融资方面分析

中小企业在创建初期，内源融资是创业之初的首选模式，只有当其发展到成长期，自有资金无法满足需要时，才开始采用外源性融资方式。在中小企业发展的各个阶段中，内源融资占其融资总额的份额呈下降势态，但在其发展历程中，仍然倾向于采取内源融资的方式，这是因为内源性融资具有融资成本低的益处。通过分析可知，在中小企业融资方式中，一半以上的企业以继承和劳动融资等方式选择了内源性融资，其中劳动融资占绝对地位。把问卷中受抽查企业按规模分类可以看到，内源性融资在中小企业成长的各个时段都承担着举足轻重的责任。在初创期、成长期和成熟期，内源性融资占企业资金来源的比重分别为68%、55%和38%（见表2-4）。随着企业规模的扩大，虽然内源融资的比重在不断降低，但仍占据较大比重。

表 2-4　吉林省中小企业各发展阶段融资来源情况

单位：%

融资方式	初创期	成长期	成熟期
内源性融资占比	68	55	38
外源性融资占比	32	45	62

在被调查的样本企业外源融资方式中银行贷款通常为首选。银行贷款一旦获批，企业就可以迅速获得资金，银行贷款融资成本低，且对企业的控制力没有影响。因此，银行贷款融资被广大中小企业视为首选。但是，能够获得银行贷款的中小企业数量并不多。在接受调查的企业中，只有近四成的企业获得过银行贷款，这说明银行贷款融资远远无法满足中小企业的融资需要。中小企业获得银行贷款的难度非常大，究其原因有以下几点。一是中小企业规模小，注册资本与我国其他沿海等经济发达的省份相比较少，致使多数中小企业在向银行申请贷款时，无法拿出达到银行要求的抵押品，因此没办法获得银行贷款。二是中小企业产业结构分布不合理，大多为劳动密集型企业。而且一些中小企业发展前景一般，很难吸引商业银行的兴趣。三是中小企业财务制度和财务体系不健全，银企之间存在信息交流不协调的情况。故各大金融机构为了规避风险，会自觉降低对中小企业放贷的意愿。四是担保行业实力弱，无法全面满足中小企业的融资需要。五是缺少针对中小企业的融资创新措施。

2. 从股权融资与债权融资方面分析

中小企业在外源融资方式的选择上，一般会优先考虑股权融资。中小企业偏好股权融资是其核心融资特点。中小企业内部管理层在融资决策过程中，常常以扩大市场、追逐更多商业利润为目的进行决策。在其融资需求偏好中，管理者个人因素占相当一部分比例，大体上包括文化程度、风险厌恶度以及避税意识等。特立独行的经营决策毋庸置疑会增加风险程度，这与管理者的个人因素密不可分。这种个人因素往往是非理性的，此时的中小企业经营风险和抵御风险的能力远不及大型企业。就中小企业本身来说，企业所有者和企业经营者的分离产生代理成本，代理成本是在债务融资状态下孕育出来的。企业的高利润不被债权人所分享，在这种情况下很有可能与外部投资者之间产生矛盾与冲突，其原因在于中小企业外部的债务融资成本要远远高于企业投入成本。这里中小企业的股权融资偏好被体现得淋漓尽致。中小企业应该按照企业自身的成长特点和运作情况来制定融资策略，采取债务融资方式支持风险较低的业务。高成长性的中小企业投资机会更多，所以拥有高成长特质的中小企业通常倾向于以股权融资的方式来应对根本性资金不充足的问题。再加上中小企业自身的力量不够强大，面对中国资本市场准入条件较高难以公开发行债券和股份的情况，很难参与债务融资市场。

此外，大多数中小企业存在信息交流不协调的情况。企业管理者与投资决策者之间信息不对称，若以债权融资的方式对企业进行投资，势必会造成无法确定投资收益的情况，进而加剧了风险程度，不利于企业的良性发展。而在股权融资方面，风险与收益近乎相等。在企业运营状况保持稳定、利润可观时，股票的价格也会随之升高，股东将获得更多的回报。

与债权融资方式相比，股权融资可以有效降低投资风险。虽然中小企业自身发展能力可能会有一定的缺陷，并且受限于当时的经济体系，而且股权融资成本还有可能高于债权融资成本，但股权融资方式依然是中小企业偏好的一种融资方式。

3. 企业行业类型与企业融资方式的相关性分析

调查结果显示，不同行业的中小企业选取融资方式的区别很小，大多以自有资金、金融机构贷款和企业内部筹资三种方式为主。其中，制药企业的融资方式较多，有四种融资方式；汽车业、房地产业等融资方式较少；煤矿企业融资方式最少，主要是自有资金。本课题将所调查的样本企业分为三大类，分别为生产型中小企业、科技型中小企业和服务型中小企业。

（1）生产型中小企业由于资本金严重不足，其资产负债率较高。这类企业绝大多数处于创新成长阶段，未能形成科学的、制度化的管理体系。在人才管理上，生产型企业普遍存在人员技术水平偏低的情况；在财务上，存在缺乏严密的资金使用计划，资本周转效率低，缺乏健全的财务管理体系及制度，随意性较强，企业歇业率和破产率均较高，而且信用和担保体系不健全，难以获取银行等金融机构贷款的支持，也难以进入资本市场参与证券活动。企业在孕育和形成阶段，通常是通过内源性融资获得资金。在这个阶段，最常见的是融资租赁方式，通过使用租赁对象和所有权分离的形式满足经营者的使用的需求，承租人暂时拥有租赁对象，并按期支付一定租金，租赁对象的所有权没有改变。当企业进入成长期，企业规模逐渐扩大，有了一定的经营效益，中小企业便开始通过银行贷款获得资金。

（2）科技型中小企业在其创建时一般会采用内源融资方式。在此阶段，企业会将技术开发与创新放在核心地位，由于企业处于起步阶段，企业的生产经营活动还不稳定，使其难以获得外部投资。在该阶段，企业若想获取运营资金，出售使用率低的资产是一种好的选择。当企业经营日益趋于稳定、技术创新持续加强、销售渠道持续拓宽、销售范围持续扩大、利润率显著提高，需要投入更多的周转资金时，内源融资方式已经无法满足技术创新的高投入需求，外源融资开始成为该类中小企业的主要融资方式。随着国家加大金融机构服务企业的力度，科技型中小企业主要通过向金融和非金融机构贷款和利用产权交易的方式获取资金。当企业开始步入成熟期，企业会优先考虑全面采取资本运作的方式，其次是通过各个金融机构的信贷业务，再次是利用创业板融资取得资金。

（3）服务型中小企业所需的资金主要是通过存货流动资金贷款和以促销活动为主的经营性开支借款获得。此类企业资金规模较小、企业数量少、企业更新频率快、贷款周期短且随机性大，其风险主要取决于企业管理者的运营能力和信用，因此其融资风险相对于其他类型中小企业要低，所以银行等金融机构愿意对其进行融资支持。该类中小企业无论处于哪个成长阶段，都更偏好于外源融资方式，即向银行贷款来解决企业资金问题。

第五节　民间资本对"麦克米伦缺口"的适应性分析

一　民间资本存量的特性及投资偏好

1. 民间资本存量的特性

（1）总量巨大。居民储蓄属于民间资本中的金融性资本，虽然个体资金量不多，但是总量巨大。并且，由于缺乏有效的投资对接渠道，大部分居民储蓄处于闲置状态，等待投资机会出现。

（2）灵活、便捷、流动性强。在民间资本中，大部分为闲置资金，可以随时支取，流动性强。民间资本借贷不像银行有规定的流程与制度，办理手续便捷，融资效率较高。

（3）逐利驱动。民间资本崇尚的是收益最大化，银行存款的利率偏低，当有利率更高、风险也符合预期的投资机会出现时，居民会取出原本在银行中的闲置资金进行投资。

（4）风险规避性。受传统观念的影响，考虑到养老、医疗等问题，我国居民对投资通常持有谨慎的态度，尽量规避高风险投资。

（5）利率市场化。民间借贷主要受市场供需的影响，因此其借贷利率主要由市场决定，随着市场资金量的供需变化上下波动。

2. 投资偏好

居民储蓄是民间资本的重要组成部分之一，民间资本资金量不大，具有很强的分散性，承受风险能力不强，所以民间资本存在规避高风险的特性，在选择投资项目上，民间资本更倾向于低门槛、收益回报周期不长且风险较低的项目。

二 "麦克米伦缺口"的特征及融资偏好

1. "麦克米伦缺口"的特征

（1）资金需求量大。无论扩大生产规模，还是创新转型都离不开资金需求，中小企业的资金缺口已经严重影响到其发展，迫切需要找到一条合适的融资渠道

（2）需求次数多，金额小。中小企业通常没有一个完整的融资计划，因此资金需求通常较为临时、多次，且需求金额比大型企业要少。

（3）低融资成本倾向。中小企业的营运能力显然不能与大型企业相提并论，在融资方面，中小企业更希望找到低融资成本的渠道，且办理手续尽量便捷，使资金能运用效率更高，从而降低融资成本。

2. 融资偏好

中小企业的自身特点及经营特性决定了其融资偏好。由于中小企业通常没有制订完整的年度融资计划,融资决策通常随着经营进程来决定,所以中小企业的融资通常具有临时性、多次性。中小企业更倾向于灵活、便捷的融资渠道。观察中小企业资产负债表可以发现,中小企业资产负债率一般较低,而流动负债率较高,说明银行贷款等长期借款在中小企业的资本结构中占比较低,中小企业偏向于灵活的短期借款。

三 民间资本与"麦克米伦缺口"的拟合度分析

2013 年的一份调查显示,在中小企业资金来源中,自筹资金占了将近八成,民间资金仅占不到一成,而自筹资金大多是通过熟人、亲戚等关系筹集。民间资本大多具有个体资本较少,但个体数量多,总体量大的特点。

1. 民间资本与中小企业融资缺口具有互补性

就现实情况而言,民间存量资本的数额巨大,大多数处于闲置状态或由于没有更好的投资渠道而存放于银行,等待好的投资机会出现。资金对中小企业的经营来说无疑是非常重要的,资金缺口是阻碍中小企业发展的一道坎。因此,从资金的供需关系来看,民间存量资本与"麦克米伦缺口"存在互补的关系,民间资本能解决中小企业资金短缺的问题,而中小企业的蓬勃发展可以在一定程度上增大民间存量资本规模,促进民间资本发展,具有相互促进的作用。

2. 民间存量资本在解决"麦克米伦缺口"上具有优势

民间资本具有灵活、便捷的特点，正规金融机构尤其是大型国有银行具有体制化、程序化特征，不如民间资本灵活自由。而中小企业的资金需求往往具有金额较少，需求次数较多，需求较为临时的特点，民间资本刚好契合了中小企业的资金需求特点，契合了中小企业的融资特点，使中小企业融资方式趋于灵活。便捷的融资方式使资金更具有时效性，这样中小企业不会错过宝贵的使用资金的机会，提高了资金使用效率，降低了融资成本。民间资本的借贷形式多种多样，并且随着社会经济发展，结合新兴时代产物，演变出不同的形式，如网络借贷应运而生。对于较为分散且数量较多的中小企业来说，借贷便利且可选性强。民间资本具有一定的地缘性，对当地中小企业具有比传统金融机构更深入的了解，通过企业所在地人与人之间的信息传播，对借贷企业的信用情况、还款能力等情况比传统金融机构更为了解，因此企业所在地的资金持有者对被投资的中小企业具有银行等金融机构不可比拟的信息收集和辨别优势。

3. 民间资本的逐利驱动

近年来，我国城乡居民可支配收入增多，民间资本存量增多。虽然中国的金融体系在不断完善，但是人们可供选择的投资渠道仍然很少。对我国的储户来说，银行利率较低，收益回报低；股票投资存在风险与较大的不确定性；房地产对一般储户来说需要一定的经济基础才可投资，存在较高的门槛，且国家政策不稳定，给房市带来了不确定性。中小企业的借款利率相对银行来说具有很大的优势，远高于同期的银行存款利率，并且实现了市场化，存款利率根据市场的供需情况进行调节。民间资本借贷信息对称，是中小企业与借款方的理性选择。一方面中小企业有资金需求，需要获得发展需要的资金，弥补资金缺口，开展经营活动；另一方面民间有大量的存量资金，资金提供方能获得较高的收益，这种双方的契合是中小企业民间资本借贷的生命力所在。

| 第三章 |

民间资本对接"麦克米伦缺口"的
法金融案例研究

中小企业能否健康稳定发展，直接关系到国家整体经济的平稳运行。解决中小企业融资难问题，除了能够有效缓解金融危机，还能够解决很多社会问题，保持社会稳定。现阶段，我国对"麦克米伦缺口"治理的还不够成熟，但已经初见成效。

第一，我国对"麦克米伦缺口"的治理为中小企业扫除了融资道路上的障碍，推动其快速成长。我国中小企业数量庞大，产生的经济效益极为可观，为乡镇提供了大量的就业机会，对我国财政税收做出了巨大的贡献。在保障我国经济健康平稳发展方面，中小企业可谓功不可没。我国幅员辽阔、国情复杂，中小企业具有浓厚的地方化特色，能够有效、灵活地利用地方性资源，这就使我国的各项资源得到了充分利用。并且，我国大多数中小企业属于科技型企业，拥有较强的创新意识和创新能力。科学技术是第一生产力，科技型中小企业的快速成长、高速运营，必然带来经济效益的大幅度提高，进而推动我国整体经济的快速增长。

第二，我国对"麦克米伦缺口"的治理，有力地打击了严重干扰金融市场正常运营的非法金融交易行为。非法金融交易行为游离于金融监管体系之外，会严重影响中国的金融市场及实体经济。在进行"麦克米伦缺口"治理过程中，可以将一部分民间融资摆到台面上来，由政府及有关部门进行监督，可以有效地打击非法集资等现象，同时还为中小企业提供了一部分资金来源。这就有效地规范了金融市场、维护了金融秩序。经过多年治理，非法金融交易事件逐渐减少、非法金融交易场所逐渐消失，这与政府规范并鼓励合法的民间融资与中小型地方银行的快速发展有着直接关系。

第三，我国对"麦克米伦缺口"的治理，使各类人才涌现。在中小企业发展过程中，出现了大批创业人才和技术人才。中小企业发展前景明朗，就会留住大批人才，使人才不再大量外流。"麦克米伦缺口"治理要求企业管理层、治理层与金融机构信贷等相关人员的综合素质不断提高，加强内部培训与学习。这为我国经济发展培养了大批人才。与此同时，占中小企业大部分的科技型中小企业需要大批技术人才，为了适应这一需求，各高校也开始注重对这部分人才的培养，如此的良性循环，会使我国人才辈出，推动经济社会长足发展进步。

第一节　温州金融综合改革
试验区案例研究

改革开放四十年来，我国中小企业成长迅速，已经成为拉动国内经济蓬勃发展的重要力量。截至 2015 年末，全国工商登记的中小企业数量已超过 2000 万家。[①]

我国中小企业对推动经济社会的进步有着重大意义，中小企业的发展有力地促进消费增长、推动就业、带动科技创新与产业结构升级。对我国中小企业来说，最大的问题在于融资难。与国外相比，国内企业进行资金筹集面临的市场环境和经济环境相当复杂，形势也极为严峻，并没有相对健全的市场环境。

当下，中国的经济正处于中高速发展时期，相对于发达国家来说，还存在诸多不足，尤其是民间融资借贷缺乏监管，民营企业老板跑路现象较为严重，在这种环境下，有很多投资资金得不到保障。除此之外，国内市场缺乏公平的运行机制，很多行业存在垄断现象，因此中小企业想要做大做强，其面临的问题是不言而喻的。

虽然在美国爆发金融危机之后，我国政府出台了一系

---

① 中商产业研究院：《企业大数据：2015 年全国中小企业超 2000 万家》，中商情报网，https://www.askci.com/news/finance/20160706/09414738378.shtml，2016 年 7 月 6 日。

列政策进行应对，包括出台 4 万亿元的刺激经济计划，但是这些资金并没有造福于中小企业，大量的资金流向了"铁公基"。中小企业融资仍然面临成本高、利润低的尴尬局面。另外，投资过剩导致的货币贬值，使中小企业生存更加困难，国家为抑制这一不利影响，采取了一系列货币紧缩政策，这在客观上加大了中小企业贷款的难度。这一系列因素，导致企业把目光转向了民间融资。

近些年来，随着民间借贷风险日益提高，经济问题日趋严重，隐藏在金融市场背后的诸多问题也逐渐爆发。温州很多的企业借贷出现问题，导致许多企业不能迅速融到资金，资金链断裂现象日渐普遍。大量企业由于资金链断裂一夜之间宣告破产。这又间接触发了借贷信用问题。民间投资与经济发展越来越不协调，使处于夹缝中的中小企业生存越来越困难，中小企业大量倒闭更是对当地经济乃至整个中国经济发展带来了非常大的压力。

在这种危急形势下，我国政府审时度势，迅速在温州建立了金融综合改革试验区，发布了包括建立金融新组织、有效合理地发展民间融资、健全金融组织体制、发展各类债券产业链、优化金融管理体系、充分发挥地方资本资源等在内的 12 项任务。努力建设与社会相匹配的多元化融资体制，寻求融资创新，引导各界融资有序发展，加强构建和管理金融风险的能力，为日后国内开展类似工作提供了宝贵的经验和教训。

近年来，温州的经济发展之快是有目共睹的，大量的民间中小企业蓬勃发展，同时民间借贷市场也为经济快速发展注入了活力。然而，不容忽视的是，风险也伴随而来，因此这次试点改革的成功与否，直接关系到我国未来金融政策的一系列变动。更重要的是为国内进行类似金融试点改革甚至全国范围内的大规模整改，提供了宝贵的经验。

虽然，目前的温州改革还算相对成功，但是如果想取得大规模的突破性进展，还需要大胆创新，敢于突破天花板，开拓新的领域，这样才能突破瓶颈，重建辉煌。此外，国家的辅助政策也必不可少，毕竟经济要想发展，除了企业自身之外，还需要相对稳定的市场环境。只有国家和企业合二为一为了共同的目标前行，未来的经济发展才能更好。

目前，我国对中小企业发展研究的重点仅仅停留在外部融资方面，并没有关注内部融资的重要性。其实，对企业融资发展来说，内源融资和外源融资的作用同等重要，可是许多中小企业和专家并未意识到这一点，这也导致中小企业发展思路单一，缺乏主动创新的意识。

与此同时，国内大多数中小企业，从外部筹集资金风险大、渠道单一、不稳定因素很多，更严峻的是目前经济环境急剧恶化，企业内部融资也暴露出诸多问题，导致企业内外筹集资金都受到很大的影响，因此笔者在此重点关注造成内外部融资不利的原因，并举出相应的实例进行具体分析。

经济形势和金融形势的日渐严峻，给金融市场带来一系列问题,这是本课题分析的重点所在。借此机会,我们将企业所面临的融资难问题,以及背后所隐藏的一系列原因进行抽丝剥茧的认真分析。

在研究解读中小企业融资问题的种种因素时,为了更好地进行分析,本研究引入温州融资体制改革试点的案例,通过对温州市的分析,继而对中国金融业的未来发展进行一定的预测,并为日后中国金融体制改革提供相应的借鉴。

一 温州市金融综合改革试验区

继舟山群岛新区、浙江海洋经济发展示范区设立及义乌国际贸易综合改革试点获国务院批准之后,温州市金融综合改革试验区是国家给予浙江省区域经济发展的另一个支持性政策。

温州市区域经济水平高,资金活跃度高。前些年,温州市有很多家中小微企业出现了老板"跑路"事件,这对维护经济环境稳定带来了不小的难度。

为了降低风险,对民间借贷进行监督管理,使多年隐藏在民间的金融资本变得公开透明;为了引导民间金融活动有序发展,改善并解决温州民间金融资本的重大难题并且提升该市金融综合实力,在温州市进行金融试点创新,这一改革创新的新举措不仅对温州经济快速发展起到至关重要的作用,更是对全国经济起到推动作用。许多法律及规范性文件由国务院批准实施后,令我国的金融服务业整体水平得到提升，金融风险控制能力显著提高，并且优化了金融市场环境，更重要的是为日后中国进行类似试点活动提供了经验。

二 融资创新的界定

融资创新即企业融资方式渠道的扩展。创新主要分为两种方式，即债务性创新融资和权益性创新融资。债务性创新融资包括发行债券、银行贷款、应付账款和应付票据等，权益性创新融资主要体现在以下几个方面。

1. 融资租赁

这种租赁方式是指承租方对在租赁方租来的物品，采用分期付款的方式偿还，以达到企业短期借款的目的。其业务本质就是借钱还钱。

融资租赁对企业自身的条件要求较高，一是看企业的经济效益；二是看租赁项目的未来潜力；三是信用对企业极其重要，信用是企业未来发展的基石。

2. 银行承兑汇票

各个企业之间为了实现交易，银行承兑汇票起到不可忽视的作用，此汇票相当于银行对企业的一种承诺，一种契约，银行在汇票上签名盖章，如果届时买方无法如期还款，银行将会把款项打给卖方。

这种融资方式的好处是，企业可以在短时间内迅速达成交易，降低了融资成本。

3. 不动产抵押

开展不动产抵押业务是市场经济中企业之间最为流行

的一种融资方式。利用这种融资方式可以在短期内筹集到大批资金，但这种融资方式风险也比较大。企业进行不动产抵押一定要慎重。

4. 股权转让

股权转让的融资方式是股份制企业将部分股权转让给相关投资方，投资方向被投资企业注入一定的资金，并获得被投资方的股权，二者风险共担。对被投资企业来说，这种融资方式的成本极低，便于企业在短期内融到大量资金。被投资企业一定要特别了解投资者，否则企业的控制权可能会受到很大的冲击，在进行股权转让的同时一定要谨慎行事，切不可鲁莽，必要时可以咨询相关专家。

5. 提供担保

提供担保是指那些已在银行开立信用凭证的企业，在进行进出口贸易时，为了提升提货效率，可以提前办理担保提货手续，这种方式虽然效率高，但也存在风险。

6. 开发国际市场资金

这种融资方式是一种中央扶持外贸企业的发展资金，企业要达到获得这一资金的标准，要在诸如质量管理体系、境外展览会、软件出口企业、各类产品认证、环境管理体系、开拓新兴市场、培训与研讨会、境外投标、国际市场宣传推介等方面下功夫，优先支持面向中东、非洲、拉美、东南亚和东欧等一些发展中国家和地区的商贸活动。

7. 互联网金融平台

互联网金融平台是随着互联网的兴起而发展起来的，

一些投资网站，经过大量的分析和筛选，将符合标准，具有一定规模且风险较低的项目挂在网站上，供投资者进行投资选择；企业利用这一便利的在线投资平台，与投资者签订相关的投资合同。但是，网络平台是产生欺诈现象的高发地带，因此相关的网络平台会实时对这些接待活动进行筛查，以避免投资人上当受骗。这种网络平台，实际上为企业提供了较为便利的投资与筹资途径，为了降低风险，改善网络环境，平台管理员应该不定时检查网络环境是否安全，防止黑客入侵，并且要聘请专家，尤其是投资融资方面的专家进行相应的技术指导，以确保投资人的投资合理可靠。另外第三方监管机构也应该参与进来，对这种网站进行监督，以确保网络平台更加合理规范地运行。

三 温州中小企业融资创新举措

1. 温州中小企业融资现状分析

（1）温州中小企业经营困境。

随着改革开放的深入，我国各地区的经济逐步走向繁荣，特别是沿海城市，而温州作为沿海城市的代表，更是人才辈出。温州向来有企业家摇篮之称，但是2008年金融危机的爆发，以及资本市场的不良运转，使温州又一次被推向风口浪尖，可以说温州的矛盾与问题正是中国矛盾与问题的缩影。

温州的经济发展有目共睹，产生的知名民营企业家数不胜数，这些改革开放的先驱对中国经济的发展起到了不可忽视的推动作用，但是金融危机爆发导致的诸多问题更是值得我们深思。我们既要保住改革开放所带来的成功果实，更要把祖国建设得繁荣昌盛。所以这次温州市的金融改革不仅对温州本身的经济发展起到推动作用，更起到了一定的带头作用，为日后国内类似的经济改革试点提供宝贵经验。

温州市的发展模式有些特殊，它跟国内许多大型沿海城市有很大的不同，温州发展依赖的不是进出口，更多的是依赖本地民营企业，这些企业的发展呈现出产业密集型的特征，对带动温州的发展，乃至全国的发展，起到了重要的推进作用。

金融危机的爆发，使实体经济的成本日渐上升，大多数资本投入到房地产，抬高了房价，变相冲击了中国的实体经济，这使民营企业无利可图，纷纷跑路或者改行，在这一点上，温州所出现的问题尤为突出。当企业发展后劲乏力时，许多实体经济将面临破产，商人们更注重的是投机，因此温州市的企业发展存在大量隐患。

（2）温州中小企业融资特点。

第一，内源融资能力下降。随着民间借贷的繁荣，内源融资被企业所忽视，殊不知内源融资才是企业发展的重要武器，它直接影响到企业的可持续发展。更要命的是，中国的中小企业缺乏创新，没有良好的创新环境，导致同行业产品同质化现象严重，企业要想求得生存只能委曲求全降低利润，惨淡经营，这导致的直接后果是，企业要想进行内部融资更是难上加难。

第二，直接融资渠道难以获得。在我国，大量民营企业产品缺少创新，缺乏竞争力，导致企业规模难以扩大，温州也是一样，企业之间的你争我夺使利润空间越来越小，更加难以维持生计，更别提在资本市场上直接融资了。

第三，间接融资过于倚重非正规渠道民间融资。目前我国的民营企业融资渠道还特别少，很多中小企业没有达到一定的规模，无法短期内向银行申请到巨额贷款，只能通过民间来筹集资金，但是这种筹集资金的方式成本非常大，风险也非常高，一旦企业资金链出现断裂，企业不但会在一夜之内破产，甚至会背负巨额的高利贷。

（3）温州民间资本现状。

相对于国内其他地区来说，温州民间金融市场的资金非常雄厚，民间借贷现象非常活跃。这为企业进行民间融资活动创造了良好的环境，可以使一些民间资金得到合理使用，在推动中小企业发展的同时，也为自己带来了丰厚的利润。但是，2008年世界金融危机爆发之后，极其活跃的温州民间借贷市场也面临着重新洗牌，经济形势日益严峻也为民间融资带来了很大的不确定因素，一些资本纷纷撤走寻找更加稳定的房地产进行投资。一方面中小企业经营难、融资难，另一方面大量民间资本寻求投资渠道。这看似矛盾的背后原因不是资金缺乏，而是资金在对接方面出现了问题，所以要解决这一问题，就不能通过简单的信贷宽松政策或输入流动性，而是应该通过金融改革创新和改善民营经济经营环境来实现资本供需双方的对接，如此才可以最终解决我国中小企业融资难的问题。

2. 温州中小企业融资创新举措

（1）规范发展民间融资。

规范发展民间融资的内容包括研发规范温州中小企业融资的管理新方式，设立融资管理体系，建立健全融资监测体系。

这是融资在当代中国被首次合法化。没有法律保护的民间金融是脆弱的，国家提出用规范发展的管理办法将民间融资纳入正规金融渠道，这是对民间融资促进中小企业发展的肯定。规范民间融资的无序性、减少交易双方的信息不对称、降低资金借贷成本对中小企业的发展具有重要意义。

温州允许成立一定形式的民间借贷服务平台，为民间资金的提供方和需求方之间搭建融通渠道，通过制度规定，通过双方信息登记、标准协议签订、抵押物公证等标准化程序，让民间资金既可以自由流动，又最大限度地规避了原有的高风险。

（2）推进中小企业金融服务创新。

金融服务创新的内容包括支持民间资金参与金融机构改革，支持民间资金设立或参股村镇银行、贷款公司等新型金融组织，引导民间资金设立股权投资企业。

第一，小额贷款公司可以改制为村镇银行。虽然国家支持民间资本流入金融领域，但太多的限制使民间资本只能进入只贷不存的小额贷款公司。如果将小额贷款公司转化为银行，则表示投资可以曲线成为银行的大股东，这在制度上就是一个惊人的突破。

本次改革对自然人发起的金融公司松绑，允许自然人发起设立创业投资公司或股权投资公司，允许自然人设立民间资本管理公司，允许自然人创办其他专业资产管理公司的规则是为民间资本提供多条投资途径，通过专业管理人员把资金投入民营经济真正需要资金的地方，特别是那些具有巨大发展潜力的新商业模式企业和高科技创新型企业，然后可以通过国内或国外资本市场上市或退出。

第二，鼓励设立小企业信贷专营机构。以往由于中小企业存在规模小、抵押物少、管理水平低、经营稳定性差、信息不对称等缺陷，监督难度大，监督成本高，一旦出现不良贷款，银行遭受的损失往往很难挽回。而国有企业则有"国家担保"，所以国有商业银行产生信贷配给行为，对广大中小企业有"惜贷"的倾向，更愿意把贷款放给大型企业和国有企业。

在温州金融改革方案中，国家鼓励设立小企业信贷专营机构，这正是温州地区国有银行和股份制银行深入开拓中小企业市场的一个很好的契机。与传统的总行模式相比，小企业信贷专营机构具有以下突出特点。

一是独立性和能动性迅速提升。中小企业信贷机构实行执行委员会下的总经理负责制，这个委员会类似于中小银行的监事会，总行对委员会一次性授权，不干预其技术、经营、管理等方面的事务，让面向中小企业的服务具有自主性。

二是贴近市场。在中小企业众多的温州，小企业信贷机构可以通过独立核算、自负盈亏，探索一条适合自身发展的道路。有了独立性、专业性，又贴近市场，信贷机构的产品和服务就会贴近客户的需求，创新的程度会加深，发展也会比较快。

第三，支持发展融资租赁业务。支持发展融资租赁业务是一项改变中小企业融资难、筹资慢的举措。融资租赁是一种非常适合中小企业筹资的形式。

一是融合资金是融资租赁业务的一大优势，该类公司保留对租赁设备续存所有权，不像银行看重财务状况、融资状况、经营效果等，而且获取资金也十分便捷，所以十分适合温州中小企业获取资金，发展自己的事业。

二是融资租赁属于表外融资，不对中小企业资产负债表、利润表中的事项造成任何影响。这对需要多渠道融资的中小企业而言是非常有利的。

目前，融资租赁业务在我国尚属于起步阶段，还存在社会认知度低、法规体系不健全、风险意识淡薄等问题。如果这次金融改革能在加强融资租赁业务宣传、为融资租赁业务提供更多的优惠政策、完善健全相关法规等方面有所突破，则该项改革任务就会收到更多的实际效果。

（3）培育区域资本市场，发展债券市场融资。

该项内容主要包括培育发展地方资本市场，积极发展各类债券产品，推动中小企业通过债券市场融资。

第一，培育产权交易市场。我国中小企业发展较晚、发展速度较慢、发展质量不够优质，因此用建设门槛较低、准入标准较低的产权交易市场来激发更多的民间资本参与，能促进中小企业融资业务的发展。

产权交易平台在进行投融资过程中，特别是在中小企业投融资过程中，主要有以下三个方面的优势。

一是公信力与产权市场发展密不可分。政府采取较多措施提高产权市场公信力和准入门槛，同时为产权市场的发展监督做出更大贡献，从真正意义上为产权市场提高了公信力。

二是集聚各类投资项目、政策支持和中介服务资源，使中小企业在发展过程中能获得高效集约的中介服务，以最低的成本达到最高的融资效率。

三是开展多元化服务。多层次、多功能符合中小企业融资特点，也是区域性产权交易市场和非标准化最重要的特征，产权市场不仅涵盖融资和贸易企业所有权、产权、债权、知识产权的交易，也可以依靠产品组合和市场融资平台的设计案例开展创新活动。

第二，积极发展债券产品，推动中小企业通过债券市场融资。中小企业私募债是指相对于公募发行而言的定向或非公开发行债券，是发行者向个人投资者发放的债券。在制度和形式层面，中小企业私募债类似于国际市场中的垃圾债券。

（4）加强社会信用体系建设，完善金融管理体制，建立风险防范机制。

社会信用体系建设主要包括拓宽保险服务领域，推进诚信和信用体系建设，防范风险，加强监测预警。

第一，拓宽保险服务领域，为中小企业融资提供创新服务。目前，小额贷款保证保险、履约保证保险已在我国一些地区展开试点。在这种由多方共同防范和承担贷款风险的银保合作或政府与银保三方合作的新模式下，中小企业贷款不再受抵押资产的限制，可以缓解其信贷难题。

第二，国内多个地区出现了民间资金链条断裂的案例，且蔓延的面较为广泛，对经济和社会稳定危害极大。所以有必要建立民间借贷的行业管理组织，行使监督、中介、仲裁等职能，依法对民间借贷进行管理。

目前，社会上存在大量的以民间借贷为主要经营业务的投资公司、典当行等，均处于监管真空地带，隐藏大量风险。所以，当前亟须建立金融监管、监测、预警机制，对风险进行及时有效的监控和疏导。

另外，应对金融监管体制进行创新，建立多层次的金融监管体系，应强化地方政府的金融监管职责，建立地方与中央相关部门的监管配合机制。

通过对温州金融改革方案的分类解读，可以得知国家在制度供给上对中小企业融资提供了一定支持，由此可以看出这次金融改革传递出的信号：一是深化金融改革，构建多元化金融体系,为全国金融改革积累经验。二是引导民间融资规范健康有序发展。三是体现了金融发展必须服务于实体经济的明确思路。

但是,这次温州金融改革对中国金融改革最迫切的一些重大课题还没有给予正面回应,如利率市场化改革等一些核心问题尚未触及,实施细则和相关配套法规没有继续跟进,金融改革方案是否具有可操作性还存在诸多疑问,实施效果如何还有待实践的检验。

四 温州试验区融资创新实践效果及问题分析

1. 融资创新效果分析

温州金融综合改革从启动以来,已取得了一些成效。根据收集的资料和数据,对温州金融改革的进展情况做个汇总。

(1)引导民间融资规范化发展。

第一,积极开展民间资本管理公司试点。

目前,乐清和其他地方有 10 家私人资本管理公司正式挂牌,注册资本 1 亿元,已投入资金 1000 万元,涉及 20 个项目。

第二,建立民间借贷登记服务中心。

该中心集公证、登记、评价和综合服务于一体,为私人资本供求双方直接贷款交易搭建平台。到 2012 年底,登记贷款 600 笔,涉及金额 6 亿元;注册借了 500 笔,交易金额 10.2 亿元;注册 80 笔,贷款总额 6000 万元。

第三，建立温州中小企业融资服务中心。

温州中小企业融资服务中心是一种新型的金融中介，起到缓解中小企业融资难、融资贵的作用。这是温州成立民间借贷登记服务中心创建的又一个重要金融创新服务平台。

温州中小企业融资服务中心以温州贷款电子商务有限公司为主要业务伙伴，以市场为导向。它的融资功能有别于传统的房地产抵押贷款，为中小企业提供动产抵押融资服务，主要涉及货物状况承诺、质押的应收账款、核心企业与上下游供应商"捆绑"信贷融资等。

一些学者认为，这是一个新的融资服务模式，解决了大多数中小企业信用水平较低的问题，激活了企业资金，降低了中小企业的融资成本，为解决中小企业贷款融资提供了一个很好的办法。

（2）促进中小企业金融服务创新。

第一，促进农村发展银行和农村合作金融机构股份制改革。

温州目前共有6家村镇银行，设有分支机构。目前，正积极扩大村镇银行的试点范围，实现在县级地区全面覆盖。此外，还有1家金融组织进行了农村合作金融机构股份制改革，筹备工作进展顺利，有9家正在有序推进。

第二，创新和发展为小微型企业和"三农"金融服务。

温州市鼓励银行机构增加对小微型企业的信贷支持、信贷规模、信贷授权、利率定价、绩效考核和对不良贷款给予优惠政策；积极发展科技贷款、小额贷款、住房抵押贷款等，给予其他农业小企业信贷支持。

（3）培育发展地方资本市场。

温州区域金融系统明确提出将借助金融改革的东风，积极推行企业债券融资，如通过银行间市场承销发售短期融资券、中期票据和中小企业集合票据等。温州市中小企业可以依照该方案，有针对性地发行债券产品。这反映出温州地区中小企业在真正意义上实现了融资多元化。

可以看到，温州自实施金融改革以来，从方案实施的角度来看，推进效果明显。而且在规范民间融资、拓展直接融资渠道等方面也不乏亮点，成效非常显著。

2. 创新中的问题分析

（1）银行利率市场化试点搁浅。

利率市场化，即利率水平的制定取决于市场的供求关系，其核心内容是利率形成机制的市场化。而利率管制的弊端就是产生金融抑制，导致金融市场资源配置的扭曲，市场效率低下。具体来说，利率管制制约了银行追求更高利润；为规避"更人"风险而趋于将资金贷给国有企业及大中型企业，远离对中小企业的信贷。

（2）民间资本设立银行缺乏进一步落实的措施。

此次温州金融综合改革总体方案对民间资本设立银行尚缺乏进一步的明确细化。比如"鼓励民间资金依法发起设立或参股村镇银行、贷款公司"一条，关于村镇银行，原银监会早在2006年末即已表明"鼓励各类资本在农村设立村镇银行"；关于贷款公司，本次虽然提出"加快发展",但是并没有出台细则和其他配套法规放宽设立条件、简化审批程序。

另外,利率市场化和民营银行准入尚未完全放开,使一些造成金融抑制的体制性因素尚未完全被打破,这也造成了社会资金的流动依然存在机制性障碍,如果要彻底解决民营中小企业的融资难问题,这些方面的问题在以后的金融改革中必须予以解决。

3. 温州试验区融资创新启示与借鉴

(1) 中小企业应励精图治、自我完善。

缓解中小企业融资难问题,仅改善企业融资的外部环境远远不够,还应该从提升企业管理水平、技术创新、提高信用等级、规范财务管理等方面入手,增强企业自身综合实力,使企业内源融资与外源融资能力都得到提升。

第一,完善公司治理结构,提升管理水平。

公司治理结构落后与混乱是我国中小企业广泛存在的一个薄弱环节。公司治理结构不完善,不仅严重影响企业进行有效率的经营管理和决策,影响企业的市场竞争力,而且不利于企业树立规范经营、管理有序的良好企业形象,不利于获取外源融资。因此温州试验区的中小企业也要从小处着手,从而增强经营管理能力和市场竞争力,提升企业层次与市场形象,提高融资能力。

第二,加强企业技术改造和产品创新,提高市场竞争力。

科技进步、技术产业创新已经成为当今企业腾飞的不二之选,核心创造力决定了一切,完全体现了一个企业融入市场的竞争力。知识经济为中小企业的发展提供了更多的机遇和挑战,在新技术革命中中小企业只有发挥其所长,加大科技投入和技术创新力度,加快企业技术创新,加快工业企业转型升级,才能提高企业竞争力和盈利能力。

第三,增强信用观念,提升企业信誉。

企业信誉是企业获得社会认可和获得融资的关键因素之一。中小企业自身实力不强,应该珍惜自己的信誉,加强信用概念,努力增强企业信用评级。

一是遵纪守法,开展业务活动要诚实;二是按照银行贷款要求,规范企业管理以获得银行信用评级;三是加强与银行的联系,合规开展业务,增强信任;四是加强企业之间的联系。

第四,规范财务管理制度,增强财务信息可信度。

银行和企业的账面不平是造成中小企业融资难的一个重要问题。由于企业规模较小,财务状况存在一定程度的不规范、不完整、不真实的问题。因此,相关部门要加强财务管理、规范制度,做好会计计量记录工作,做出精确的计量报告,全面增强财务信息可靠程度。

(2)改善中小企业经营环境,增强其内源融资能力。

以往的研究过于注重对企业外源融资渠道的探讨,而忽略了提升中小企业内源融资能力的重要性。企业的内源融资能力是企业发展持续不竭的动力,是资金供给的源头活水,增强中小企业的内源融资能力不仅能提升其自身的

"造血功能",也减少了对外源融资的依赖。改善中小企业经营环境,需要在我国经济体制改革深化的过程中稳步地推进和落实。

当前,我国中小企业正处于融资难度大、结构性用工短缺矛盾凸显、能源价格波动、成本增加、利润下降的困境中,而企业税费负担沉重,更加剧了其经营的困难。因此,政府应加快税制改革的步伐,完善税制结构,取消不合理的税费征收,减轻中小企业负担,提振企业家发展信心,降低企业经营成本,增强企业盈利能力,以提升企业内源融资能力。并通过财政补贴、税收调节等手段,引导企业进行产业结构调整和升级。

第一,应取消政府税收收入的硬性增长指标。

地方政府不应将财政税收作为硬性考核指标而不考虑当前的经济环境和中小企业的处境,而应该树立扶持中小企业发展、扩大经济产出总量以增加税收的观念,并取消对税务人员超额收税的奖励机制。

第二,继续推进中小企业的减税政策,降低中小企业所得税税率。

在减轻整体税收负担的同时,还应该对有发展前景的行业或企业实行差异化税收优惠政策,并扩大税收优惠范围,例如对吸纳就业达到一定标准的中小企业,可以考虑给予更多的税收优惠等。

(3)完善间接融资体系。

第一,加快发展中小企业信贷专营机构。

加快发展中小企业信贷专营机构是温州金融改革的一项重要内容。要有效地解决中小企业信贷难的问题，就应结合我国商业银行体系和民营中小企业的特点。

我国国有银行和股份制银行网点遍布全国城乡各地，渗透性强，所以应该发挥现有的金融服务网络的作用，对国有银行的机构进行整合创新，加快建立中小企业信贷专营机构，发挥其地缘优势、信息优势，为当地的中小企业提供融资服务。

第二，改进信贷管理制度。

银行应根据中小企业特点制定信用评级制度，客观评估中小企业客户的信用等级。另外，在中小企业财务报表之外，还要建立合理的软信息考察标准，核查企业经营者的社会信誉、企业所在行业动态以及企业发展前景等方面的信息，根据企业信用评级及软信息的综合评估结果，对企业的授信额度和等级进行动态调整。另外，在落实信贷业务人员风险管理责任的同时，运用激励机制调动业务人员的积极性。

第三，创新金融产品和服务。

就中小企业自身情况来说，确实存在财务不规范、信息不透明和抵押资产缺乏等问题，但是银行可以通过创新金融产品和服务，同时结合中小企业的特点，推出适合中小企业群体的金融产品和服务。

（4）推动适合中小企业的融资方式和融资工具创新。

在温州金融改革方案中，明确提到了要支持发展面向小微企业和"三农"的融资租赁企业。融资租赁所具有的优势非常适合成为中小企业的融资渠道。目前，融资租赁业务在我国尚处于起步阶段，还存在社会认知度低、法规体系不健全、风险意识淡薄等问题，需要采取以下措施，促进融资租赁行业的健康发展。

第一，应完善金融租赁法律法规体系，加强监管。

通过立法对融资租赁行业的风险进行管控，保护业务双方的合法权益，应对融资租赁市场准入和退出做出明确规定，切实保障中小企业利益。

第二，加强对融资租赁业务的宣传和专业指导。

目前，社会对融资租赁业务认知度不高，而且该业务专业性也较强，中小企业在进行融资操作时，会遇到许多专业性问题，需要专业指导。

第三，制定税收优惠政策，支持融资租赁行业的发展。

采取加速折旧、投资减税等优惠措施，不仅可以调动出租方的积极性，而且税收优惠也可以使租金降低从而惠及承租企业，促使融资租赁业务得到更广泛的应用，从而推动融资租赁行业的发展。

第二节　其他代表性地区案例研究

一　以吉林省为例

1. 积极推进企业自身经济体制和经营机制改革，以符合社会主义市场经济的要求

吉林省作为东北老工业基地的重要组成部分，长期以

来，为国家经济建设做出了重要的贡献。但是，随着时间的流逝、经济社会的不断发展进步，与其他地区相比，东北老工业基地企业内部，工厂机器设备老化，技术水平变得落后，缺乏创新意识，导致产品市场竞争力下降，再加上市场化程度低、产业结构调整缓慢、所有制结构单一等因素，使东北老工业基地区域内经济发展水平变低，远远落后于东部沿海地区的发展。为了顺应市场发展的变化，吉林省中小企业应当调整好自身的产业结构，在不断改造的过程中找寻突破口，加强技术创新能力，增强产品市场竞争力，提高企业经济效益。当前，吉林省中小企业在产业结构上，仍然以传统产业为主，大部分中小企业没有将高科技运用到生产中去。技术创新需要人才，因此更应该加强对企业人员的内部培训，提高员工的综合素质。与此同时，应该采取有效激励制度，让员工体会到自己的绩效反映在薪酬的变化上，从而提升员工对企业的认可度，留住人才，实现企业的稳定持续经营。这就使金融机构可以预见，在提供这笔融资后，企业能够收到非常丰厚的收益回报，并偿还贷款，从而缓解企业融资压力。

2. 推动中小金融机构快速发展，促进民间资本流动

吉林省大多数中小企业位于县级或县级以下地区，中小金融机构地方特色比较浓厚，便于因地制宜采取小额信贷方式。并且，中小金融机构具有"方便""快捷"的特点，符合中小企业融资的要求。因此，中小金融机构应当推出多样化的信贷方案供中小企业选择。这既能吸引客

户，提高自身业绩，又能缓解中小企业融资压力。与此同时，还应该合理引导民间金融组织进入金融市场，以合法、规范的方式吸纳民间资金，弥补资金缺口。

3. 加大政府支持力度，完善相关法律法规

我国还处于社会主义市场经济建设的初级阶段，要想实现中小企业融资方式向多样化转变，就必须依靠政府与市场的双重调节，政府的力量不容忽视。政府有关部门可以借鉴发达国家的先进经验，增加对中小企业的财政投入，特别是金融投资。政府不仅要从金融资源分配上提供支持，也应当在产业政策上提供指导。吉林省银监局应根据本省的实际情况，科学合理地确定本地商业银行贷款规模中向中小企业发放的比例。我国政府是服务型政府，这就要求政府在面对中小企业融资问题时，应履行自己宏观调控的职能，以为人民服务为根本，积极提出对策，指导中小企业应对在融资中出现的各种问题。目前在我国，只有一部《中小企业促进法》，这部法律已颁布多年，远远落后于中小企业的发展速度。要想推动中小企业平稳长久的发展，就必须有一套与之相配的、完善的法律体系。这样，当中小企业在融资和发展过程中遇到问题时，就能有法可依，为中小企业创造有序发展的运营环境。

二 以浙江省为例

1. 选择适当的融资渠道

每一个企业都有自己的发展过程，都会经历创业期、成长期、成熟期和衰退期这四个环节，企业在每一个时期对资金的需求状况不尽相同。当企业处于创业期时，其主要目标是开发市场，运用资金制造符合市场需求的产品。这时，企业需要的资金并不是太多。在新产品第一次进入市场时，竞争对手很少，可能也不存在同类产品竞争的压力。这是企业最具有发展潜力的时期，此时最好的融资方式是内源融资，这样既减少了融资成本，又保持了企业的自主性，基本不存在资金缺乏的现象。当企业处于成长期时，已经具备了一定的生产能力、销售能力、商业信用和客户资源。消费者对产品认知度提高，开始对价格、质量、包装等方面进行综合考量。与此同时，市场上开始出现同类产品，竞争压力加大，竞争范围不断扩大。企业如果想要满足消费者对产品的新要求、扩大经营生产、占据有利的市场地位，就必须提高产品的科技含量、提高产品知名度，这就需要比较多的资金。此时，仅仅依靠内源融资已经难以满足经营需求，开始需要外源融资发挥作用，以信贷融资为主、以内源融资为辅的融资方式是比较合适的一种方案。同时，可以尝试一些创新融资方式，例如供应商融资、租赁融资、应收票据与存货抵押贷款等，在保证企业拥有安全经营权的同时获取更多的资金。当企业处于成熟期时，企业经营管理制度和财务制度日渐完善，利润水平不断提升，知名度较高，信用等级也比较高，企业的经营前景十分乐观。在这一时期，企业可以选择的融资方式比较多，外源融资和内源融资都是很好的融资方式。

企业可以在继续选择前一阶段信贷融资方式的同时，尝试通过最低综合资金成本来制定融资战略，这样既可以使公司成本降到最低，又能给企业带来最大收益。目前，温州市已有多家中小企业采取上市的方式进行融资，这是一个非常良好的开端。但是，这种融资方式并不适用于所有的中小企业，企业要不断探索符合自身实际情况的融资渠道，利用多种形式进行融资。中小企业融资渠道的不断拓展，既能提高融资效率、降低融资成本，又能缓解企业内资金短缺的问题。

2. 转变思想，消除"企业规模歧视"观念

金融机构应该有合理配置资源的意识，要认识到中小企业的重要作用，认识到中小企业也是自己的目标客户，贷款给中小企业同样可以获得丰厚的利润。况且中小企业数量众多，在数量上拥有相当明显的优势，积少成多的利润也是相当可观的。与此同时，随着和谐社会的构建，大部分中小企业也意识到诚信在生产经营活动中的重要性，金融机构应当积极地调查中小企业的诚信状况，不应该像以前那样一听到是中小企业就"敬而远之"。所以，金融机构应该以经济效益为出发点，打破以规模为标准的贷款旧规，辩证地看待传统融资，以长远眼光分配信贷资源。金融机构应当从实际出发，为中小企业设立专门的融资服务机构，认真贯彻落实国家部署的推动中小企业发展的相关政策与措施。

3. 建立多样化融资渠道，引导社会资金流向

一部分发达国家的成功经验告诉我们，风险投资体系

以及场外交易市场的发展,对"麦克米伦缺口"的治理明显有效。现今,我国的权益性资本融资发展落后,在一定程度上限制了中小企业融资渠道。政府应放宽权益性资本融资的渠道,改变单一的融资渠道。同时,具有灵活性的私人资本市场能够在一定程度上克服信息不对称的问题。创业初期的中小企业资产规模小,财务审计工作难以进行,资金显得尤为重要。政府可以通过规范天使融资、风险投资等私人资本市场,降低创业初期中小企业融资的风险。政府应当鼓励中小企业开展合法的民间融资,民间借贷往往发生在熟人与亲戚之间。在借贷前,贷款者必须对借款人的实际情况了解清楚;借款后,贷款者要及时了解借款人的现实状况。在这种情况下,"欠债不还"现象只是个例而已。民间借贷的双方大多数存在私人关系,借款利率往往低于从金融机构贷款的利率,这既降低了中小企业的融资成本,又降低了风险,是一种双赢局面。2014 年初,浙江省第十二届人大常委会第六次会议审议并通过了《温州市民间融资管理条例》。这是全国第一部专门用来规范民间融资的法规,为温州市民间融资的发展提供了法律保障。

三 以广东省为例

1. 建立健全财务会计制度和管理制度,最大化利用已有的资金

企业应重视内部积累,提高自身的综合实力。尤其是企业经营者,要不断提高自身综合素养,掌握相关融资知

识和管理知识。与此同时,企业应加强各种信息的透明度,确保财务数据真实可靠,完善财务报告,减少信息不对称,建立规范的财务体系。企业应实行统一的标准化、规范化管理,积极与金融机构互换信息,以便银行进行准确、科学的资信调查,从而提高资信等级。同时,企业要树立自身形象,增强信用意识。在中小企业发展过程中,经营信誉是非常重要的无形资产,其不仅在与客户的交往中非常重要,在企业融资过程中也会起到相当大的作用,是企业经营素质、职业道德的综合体现。中小企业应当树立信用意识,不断加强诚信教育,建立属于自己的企业文化,以诚为本,及时向相关当事人提供可靠、真实的财务信息,减少信息不对称。同时,要加强管理企业债务,防止资金链断裂,确保企业在金融机构中没有不良贷款记录,从而为企业自身树立良好的信用形象。

2. 完善贷款流程和管理体制,提高信贷人员的综合素质

中小企业对资金的需求具有"短、频、急"的特点。然而现阶段大部分金融机构信贷流程十分复杂烦琐,使一部分中小企业望而却步。金融机构可以对中小企业进行信用评级,可以对一些资信状况良好的中小企业放宽信贷条件、提供优惠服务,从而调动中小企业对诚信融资的积极性,促进信贷业务的良性循环。与此同时,应该适当、合理地简化信贷手续,真正达到便民利民。以信贷收入作为所有金融机构收入的主要来源,有着极为重要的作用,因

此作为信贷人员就要有较强的职业素养和道德理念。金融机构应加强对专门从事信贷业务人员的内部培训，提高其专业素养，并且制定合理有效的绩效考核制度，让业绩与员工的切身利益挂钩，提高员工为客户服务的积极性。

3. 大力推动社会信用体系建设，完善中小企业信息库

企业的运行和发展离不开社会的大环境，良好的社会信用体系的建立，会推动企业信用良性发展。2015年，广东省政府印发了《关于创新完善中小微企业投融资机制的若干意见》，提出了建立"信用信息和融资对接平台"的措施。对推动社会信用建设和企业征信工作制度提供了有力支撑。这有利于创造一个良好的社会信用环境，消除企业与金融机构之间存在的信息不对称问题，减少金融机构对中小企业进行贷款时的顾虑，有利于资金流向中小企业。与此同时，政府应促进信用担保体系建设，鼓励互助性担保机构的发展。互助性担保机构一般由当地工商联作为发起人，金融机构积极协助，由会员企业互助联合、小额入股的方式成立，实行自我服务、自担风险、自我管理的模式，以解决信息不对称的问题。分散、实力薄弱的中小企业可以借此联合起来，在向金融机构贷款时，可以争取到相对优惠的条件。在此基础上，当地政府只是这一担保机构的监管者和服务者，不可以干预企业的日常经营活动，这就保证了企业的自主性。与此同时，政府应当推动中小企业政策性担保、互助性担保、商业性担保共同发

展，协调帮助中小企业走出融资难的困境。

第三节　中国式治理经验分析

通过梳理上述三地"麦克米伦缺口"的实际治理情况，可以总结出"麦克米伦缺口"中国式治理的几点经验。

一　企业的自我完善有利于帮助自己走出融资困境

各地的中小企业努力加强自身企业文化建设，明确信用观念，有效提高了企业信誉水平。并且，对财务管理有了深层次认识，加强了对企业内部财务部门和管理部门的建设，保证企业财务信息的真实性和决策的合理性。与此同时，注重将企业发展的信息传递出去，主动公开自身经营状况等信息，借以消除与金融机构之间的信息不对称。企业还不断通过自身努力，提高经济实力。各地的中小企业通过对自身的不断完善，使内源融资和外源融资前景日趋明朗。由此观之，想要解决"麦克米伦缺口"问题离不开企业的自立自强。

二　社会信用环境仍然较差，金融机构对中小企业仍存在"歧视"

各地虽然为中小企业建立了信息平台，但是成效不大。金融机构固有的传统思想,仍然认为对大型企业进行融资比较保险,中小企业虽然着手提高自身信用,但是金融机构对中小企业的偏见尚未消除,不愿意对中小企业贷款,也就陷入了恶性循环。要想解决这一问题,首先需要金融机构给中小企业一些机会,这样才能让它们为自己证明。况且,改善社会的信用环境,绝不是一两日之功。所以,要彻底解决"麦克米伦缺口"问题也是一项长期的工程,不能操之过急。

三 政府的宏观调控对缓解"麦克米伦缺口"具有重要意义

吉林省、广东省和温州市均出台了相关的法规,用来规范金融市场。出台有关扶持中小企业的法规,有利于为中小企业发展提供保障;出台规范民间信贷法规,有利于为中小企业拓宽融资渠道;出台有关建立中小企业信息平台的法规,有利于消除中小企业与金融机构之间的信息不对称。事实表明,这些法规的出台,有力地打击了非法金融市场,规范了金融市场的秩序,进而为中小企业融资提供了一个良好的金融环境,缓解了中小企业融资难的压力。这说明,想要解决"麦克米伦缺口"问题,绝对离不开政府的大力支持。

第四章

民间资本有效对接"麦克米伦缺口"的法金融制度安排

第一节　民间资本有效对接"麦克米伦缺口"的基础性制度构建

一　利率市场化

利率市场化，即利率水平的制定取决于市场供给，有利于促进金融市场资源的优化配置，提高市场效率；而对利率进行管制则容易催生金融抑制。在温州金融改革实施的过程中也可以发现，在利率市场化没有取得突破的情况下，民间资本和民营中小企业的融资需求是很难形成对接的。

在利率市场化方面，我国过去也推出了许多改革政策，但与市场化的最终目标还有一定的距离，下一步改革是使利率更能够发挥其经济运行调节的杠杆作用。

本课题认为,贷款利率市场化会使中小企业在从商业银行获得贷款的过程中,逐步由被动转主动。

1. 利率市场化将使银行信贷向中小企业倾斜

如果贷款利率市场化,大企业就可利用自身的优势通过和银行谈判降低贷款利率,银行将很难再从对大企业的贷款中获取高利差。而对于风险较大的民营中小企业客户,银企双方可以形成相对较高的利率条件,有利于资金的高效率配置。

2. 利率市场化将吸引民间资本进入正规的金融领域增加资金供给

实施利率市场化后,存款利率管制放松,相对较高的存款利率,将有利于引导民间资本进入银行系统,这一方面增加了信贷资金的供给;另一方面提供了民间资本的投资渠道,降低了民间金融的风险。

另外,从银行角度而言,利率市场化可提高各银行的金融创新能力,使银行经营发展得更稳健。

二　信用评级制度设计

自"十三五"开始,我国经济形势发生了很多新变化。经济发展总体进入新常态,国企改革加快进行,经济转型势不可当,科技创新和万众创业蔚然成风。经济增长引擎也将更加多种多样,从原来依靠"巨无霸"型的高产能企业转变为越来越依靠中小企业的发展。但当下中小企业发展仍面临诸多障碍,其中最为普遍的便是融资难。

伴随金融体制改革的进行，提高投资人保护水平也愈发显得重要。为解决中小企业融资难的问题，与此同时又要切实保护投资人的权益，就需要有效地解决信息不对称的问题。在解决信息不对称问题上，国际上的主流做法也是目前最为有效的做法是，建立完善的针对中小企业的信用评级体系。我国目前尚无完善的中小企业信用评级体系。

1. 信用评级与投资者保护水平

研究中小企业信用评级体系和投资者保护水平的关系之前，非常有必要对这两个概念进行界定，从本质上理解两者的内涵，才能合理地量化两个概念，正确地分析两个变量的关系。两个概念之间的某种关联关系必然需要相关理论的解释和支持，中小企业信用评级体系和投资者保护水平的理论依据，分别是代理理论和信息不对称理论。

中小企业信用评级体系的变量是通过建立综合评定模型获得的，这个模型既包含了可以直接通过财务数据进行量化的指标，也包含了需要经过专业人员评估的定性指标。评估指标选择了与评估大中企业所不同的、专门针对中小企业的评级指标，通过评估模型得出样本公司的评估结果。通过评估结果这一中间变量，再对样本公司所在地投资者保护水平进行相关性分析。地区投资者保护水平的研究和测量是选取柳建华、魏明海和刘峰在 2013 年发表的分析框架[1]，利用 SPSS 软件，用实证研究的方法论证了

---

[1] 柳建华、魏明海、刘峰：《中国上市公司投资者保护测度与评价》，《金融学季刊》2013 年第 1 期。

中小企业信用评级体系的建立和投资者保护水平之间具有正相关关系。进一步论证了建立中小企业信用评价体系的重要性。对解决目前中小企业融资难的问题和保护投资者利益具有理论和实践的价值。

（1）相关理论基础

第一，基本概念界定。

一是中小企业信用评级体系。信用是市场经济发展到某个程度后产生的结果，是现代金融体系中不可缺少的一环。企业的信用具有双层含义，含义的范围有大小区分。小范围的企业信用是指企业对于欠款按照约定期限归还本金支付利息的能力。大范围的企业信用还包括企业遵守工商、税务等有关部门的规章和相关法律法规、执行所签订合同上的条款、偿还或有债务等方面的情况。

信用评级是对信用风险的估计和测量。信用风险是由合约的不完备性以及合约人出于机会主义的想法进行投机行为而产生的。如果能在合约签订时尽量减少双方在信息持有量上的不一致和差异，则对降低由信用而产生的风险十分有益处。而信用评级恰恰能够降低交易双方在合约中信息持有量的差异，从而减少双方的交易代价和成本，客观上也能起到降低信用风险的作用。

本研究认为，信用评级是由一个独立客观的有别于交易双方的第三方专业评级机构或部门受托对评级对象实施的，按照一定原则，在相关法律法规和制度、相关规范性条例和办法以及指导意见的基础上，采用科学的顺序，通过横截面比较和综合评价同等级的事项进行调查，审查和确定其可信任水平的程度，以一个简单的、直白的符号（如 AAA、AA、BBB 等）表达出的评价结果，公布于评估区域的行为和方法。

二是投资者保护水平。投资者保护是资本市场发展的关键因素。当前的学术领域尚无关于投资者保护概念和定义相对一致的看法和观点。越来越多的文章从不同视野出发给予修正，并从不同的角度补充了"法与金融"理论提出的投资者保护法律的内涵和外延。

投资者权益是否受法律保护以及被法律保护到何种地步是资本市场发展的关键因素。但是当前，学术上对投资者保护的概念还没有达到一致的理解。更多的文章表明，在国家层面的法律之外，金融市场的监管、区域环境管理和公司治理结构都会对投资者保护的水平产生影响。①

投资者保护是由宏观层面的法律、金融监督管理机构、各地政府制定的，相关中介组织和企业共同打造的一系列的制度规定，用以防止公司以外投资人员的权利被公司内部管理者违法侵害和影响。影响投资者保护水平的各种因素之间相互关联，相得益彰。首先，健全法律体系可以降低市场主体之间买卖的成本，保护投资方的权益。法律内在的不完善性使金融市场监管具有施展其职能的空间，中介组织可以补充法律和金融监管的不足，以提高企

---

① 柳建华、魏明海：《投资者保护的内涵与分析框架》，《中山大学学报》（社会科学版）2010 年第 3 期。

业信息披露详细充分的程度。其次，国家机关的意愿将影响制定和实施相关法规和金融监督管理制度，即使国家机关通过建立适当的规章制度和金融监督管理机构保护投资者的利益，提高了金融监督管理体系，从而促进经济和资本市场的稳定持续发展，但很可能出于对政治因素或个人好处的考虑，立法和金融监督管理仍可能会让投资者的保护程度急剧降低。反之，如果法律和市场调节趋于完善，当地政府部门和人员侵犯投资者权益的举动将受到限制。最后，在宏观层面一定的情况下，企业层面可以通过提高企业管理水平、改善管理方法来满足规模较小企业的融资需求，降低其融资成本，缓和经济人行为下的信息不完全对称的困境。基于以上分析，本研究提出了投资者保护水平的分析框架（见图4-1）。

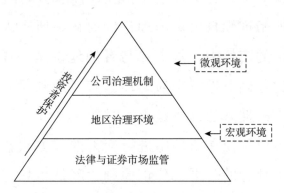

图 4-1　投资者保护水平分析框架

资料来源：柳建华、魏明海：《投资者保护的内涵与分析框架》，《中山大学学报》（社会科学版）2010 年第 3 期。

第二，相关理论基础。

一是信息不对称理论。中小企业融资难的问题实质上是信息不对称问题。融资主体本身的财务状况和经营能力、获利能力无法有效地传达给投资主体，投资主体出于风险、成本等因素考虑，将会排除此类投资项目。

所谓信息不对称理论（Information Asymmetry）是指：在社会政治、经济等活动中，某些参与者拥有其他参与者没有办法获得和占据的信息，由此造成信息的不对称，可以导致市场交易地位和关系以及契约规定的不公平或者市场效率不高的问题。在市场经济活动中，各类参与者持有不同的相关信息，获得和占据信息比较充分的参与者，经常能站在比较优势的位置；而信息不足的参与者，则站在相对劣势的位置。不对称信息可能导致反向选择（Adverse Selection）。

信息不对称理论并不像自由市场理论那样历史悠久，在亚当·斯密推崇自由市场理论的时候，所有人都认为在完备和自由的市场中，每个参与者的地位是一样的，大家都在平等的基础上进行交易。却没有考虑到每个人所获得的信息和本来拥有的信息是不一样的。

信息不对称使在市场中进行交易的双方权益产生不平等，破坏了社会的公平、公正原则，降低市场这一手段配置资源的效率。虽然也有研究提出了一些弥补这一问题的对策，但是信息经济学是以现实存在的经济现象为依托，利用实证研究的方法得到想要的结果，而真正能解决问题的策略还尚未研究成熟。比方说，买方对自己所购买的商品信息肯定比不上卖方了解得多，所以卖方总是能够以本身具有的信息优势获得额外报酬。本该平等的买卖关系也因为各自所了解的不同信息转化成地位不平等的委托代理关系,买卖中的代理人方面占据较多的信息,而委托人方面则处于信息劣势,买卖双方表面进行的交易活动实质上是循环不断的信息博弈。

在信息占有方面处于优势的人在交易中也处于优势,这实际上形成一种"信息租金",而"信息租金"又是连接各个买卖环节的纽带。各个行业实质上都可以看成一个特色信息的专门组合,古语有云"隔行如隔山",每个行业的特色信息不同,也就使外行人看到的"山"实际上就是信息门槛,这是产生不对称的原因,而想得到此类信息必须付出一定的成本。各自持有的信息在质和量上的不同,被认为是由信息投入不对等产生的,消费者一般不会对商品等信息(比如原料信息等)投入一定的代价,这就同生产者产生了信息投入的不均等,生产者利用信息投入优势获得利润正好能够补充之前多付出的信息投入。其本质依然是资本增值在另外一个层面上的表现。

在实际中,信息持有量不同的现象已经相当普遍地存在于日常经济活动中,并且对经济行为和经济后果产生了相当大的影响,甚至可以说已经影响了,或者说降低了市场配置资源的效率,使占有信息优势的一方在交易中能够取得许多额外利益,产生信息不对称的双方地位也是不平等的。

二是代理理论。詹森和麦克林在 1976 年提出了委托代理理论。信息不对称和有限理性的存在，产生了外部股东和内部管理者之间的代理问题。公司内部管理人员出于满足个人私利等目的，极有可能不按照当时和外部所有者契约约定来管理公司的运作，甚至滥用公司资源，让公司的行为从利润最大化的目标逐步转化到以牺牲股东利益为代价的方向上来。在投资者保护较弱的情况下，管理不会一直按照股东利益最大化的准则来行事，从而导致代理成本的产生。

在制度经济学的理论范畴中，委托代理理论是其核心"契约理论"的基本内容。在整个体系中，代理关系的定义是指几个行为主体依照一个明确的或暗含的契约，派任或聘用另一些行为主体为其提供劳务，与此同时给予后者相关的决策权利，并按照后者提供的服务数量以及质量对其支付相应的物质或财务回报。授权者是委托人，被授权者就是代理人。

根据委托代理理论的核心观点，委托代理关系是由于生产力的巨大发展和社会化大生产的深入开展产生的。一方面由于生产力发展导致社会分工更加细化，本该管理的人员由于诸多原因被解放出来从事其他效用更高的活动；另一方面由于分工的细化，一些具有更为专业知识和技能的人才应运而生，他们更有时间和才能管理好受托的代理权利。并且在委托代理关系中，因为委托人和代理人各自的效用偏好存在不同，委托人追求的是个人利益最大化，而代理人追求的是个人财富、声誉以及非工作时间最大化，这就使两者的利益产生不同。在缺乏有效的相关规定的条件下，就非常有可能发生代理人忽视委托人的要求，发生有害于委托人的事情。而整个社会，包括经济领域和其他领域都普遍存在委托代理关系。

一般情况下，解决内部管理者和外部投资者目标不同，预防产生过高的代理成本，有监督和激励两种方法。

所谓监督是指双方所拥有的不对称信息造成内部经营者和外部投资者的决裂。而投资者为减少对本身权益的伤害，就要多获得信息，并且严密监督内部管理者代理自己行使权力，如果本应属于自己的权力被滥用，就可以依法依规惩罚管理人员。

然而，试图全方位、全天候地监督也是不切实际的。全方位、全天候监督必然会支付大量的金钱和精力，会形成不必要的浪费。所以投资者补充信息以及监督管理者行使权力是毋庸置疑的，但也并不是监督的力度越大就越好，而是根据成本因素权衡出一个监督力度的最佳点。

所谓激励是解决内部管理者和外部投资者目标不同，预防过高的代理成本形成的另一个办法，即激励计划。让管理者在公司经营业绩好时共享一部分公司收益，这能使管理者更有动力来实现投资者的目标。

一般情况下，公司的所有者会同时采用上述两种方法双管齐下，既监督又激励。但即便这样，也不能完全使外部投资者和内部管理者目标完全趋于一致。因为监督成本、激励成本和偏离股东目标的损失之间，此消彼长，相互作用。所以公司所有者就要权衡轻重,力求能够找出三者之间最佳的解决办法。

(2)研究设计

第一,提出假设。

从中小企业信用评级体系的定义以及投资者保护水平的分析框架来看,中小企业信用评级体系的建立属于投资者保护水平分析中的宏观层面因素。并且中小企业信用评级体系的建立能够有效解决投资主体和融资主体以及公司外部股东和内部管理者的信息不对称问题,从而进一步降低代理成本,保护投资者利益,提高投资者保护水平。

基于对以上概念的界定以及相关理论回顾,本研究做出如下假设。

中小企业信用评级体系的建立能提高投资者保护水平,因此两者具有正相关关系。

第二,样本选择与数据来源。

本研究以 2010~2014 年中小企业上市公司的财务信息为取样范围。并且根据中小企业的定义,筛选出符合中小企业定义的上市公司。并且依据数据的可得性剔除了部分财务数据缺失的中小板上市公司。

本研究共选取 30 家上市公司,数据均来自巨潮资讯网,均为手工采集,虽经过数次核对,但难免出现数据采集过程中的失误和误差。所以在相关性分析时剔除了少量异动样本。投资者保护水平的测算和度量是直接引用中山大学魏明海等 2013 年的研究成果,截取其中关于各省市投资者保护水平的量化。[①]

第三，模型设计与变量解释。

本研究借鉴了定性指标与定量指标相结合的综合评估模型，选择了专门针对中小企业的评级指标，得出了样本公司的评估结果。

目前，中国的中小企业基本都属于初创阶段，经营模式尚未成熟，还没有形成一套独特的，足以应对各种经营风险的经营模式。所以中小企业的信用在很大程度上受到经营风险的影响。并且当今科学技术迅猛发展，市场瞬息万变，目前流行的产品可能在转瞬间就被新产品淘汰，导致中小企业失去了创立伊始主攻的市场，从而失去生存能力。而且中小企业规模较小，没有大型企业"尾大不掉"的弊端。也就是说，中小企业在发生违约时"跑路"极其便利。以上种种造成了中小企业的非财务指标，即定性指标对规模较小的企业的信用评估影响很大。

综上考虑，定性指标从与企业经营风险相关的企业素质、发展前景、违约状况三大方面进行分析。

企业素质说的是企业概况和综合声誉。在发展前景方面，主要注重企业近期、远期发展战略、计划及相应举动，所处行业地位、市场竞争能力和应变能力及发展趋势，并且重点考察行业景气状况对企业的影响以及企业创新能力情况。在违约状况方面，公司违约状况不仅反映公

---

① 柳建华、魏明海、刘峰：《中国上市公司投资者保护测度与评价》，《金融学季刊》2013 年第 1 期。

司的偿债能力,同时也客观反映公司的偿债意愿。选取的主要指标为:公司还款情况和公司纳税情况。

在定量指标方面,目前国内实行的、针对大中型企业的评估模型相对完善。可以根据中小企业的特点,从中挑选出适合中小企业的财务指标作为定量指标。按照已经成熟的评估系统以及财务分析的经典观点,选取的定量指标主要是那些能够反映企业偿债能力、营运能力和盈利能力的财务指标。这也可以参照现存的信用评估系统进行选取。评估尚处于初创阶段的、规模相对较小,但发展前景广阔的公司,即中小企业,更应注重对企业成长能力的分析和预测。

目前,考虑企业的成长能力,主要是从公司每年的资产和利润的增长率方面考虑。目前,初创期的小企业正处于规模迅猛扩大,盈利能力层层攀升的阶段,其信用如果从资产和利润的绝对值上考量,是值得怀疑的。随着短时间内企业资产和盈利的迅猛攀升,信用状况将大大改善,所以要有耐心和希望,给这类中小企业留足成长的空间和时间,因此对其成长能力的分析也相当重要。

(3)建立指标评价体系。

每家公司公布的财务数据千差万别,虽然有证监会规定的披露规则,但在规则下每家企业都有自己的披露风格和习惯。并不能对每家企业均搜集到相同的财务数据。而且,有些财务指标之间关联性较大,虽然形式不同,但反映的内容基本相似,例如流动比率和速动比率。本研究也出于数据的可得性，提取相关系数较高的财务指标，最终得出以下财务指标，并且和之前分析的定性指标结合起来，形成了一个评估中小企业信用评级的指标体系（见图4-2）。

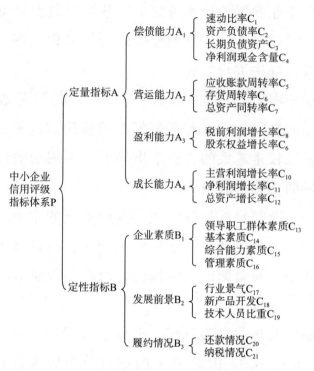

图4-2　中小企业信用评级指标体系

对于定性与定量相结合的多指标综合评级系统，就是通过一定的数学模型把多个评价指标组合成一个整体性的综合评价值。本研究参照李芳提出的模型[1]，运用加权综合法设计出中小企业信用综合评价模型。模型中的x_i是第i项评级指标的信用得分，受评中小企业的综合企业信用

---

[1]　李芳：《中国中小企业信用评级指标体系研究》，西南财经大学硕士学位论文，2009。

得分为 $y = \sum c_i x_i$

第一，确定定量指标（$x_1 \sim x_{12}$）。

定量指标是以企业正式对外公布的财务数据为根据。因为各个企业发展差异相当之大，基于对数据量纲等因素的考虑，需要对采集的原始数据进行标准化处理，本研究按照功效计分法进行处理。

查找样本公司公布的 2010 ～ 2014 年的财务数据得到定量指标的实际值 α_i，然后根据简单移动加权平均，即越近的年份以权重越大的方法求出均值，再用功效计分法算出该指标的实际得分值 x_i。

中小企业都是成长性较强、发展迅速的企业，随着时间的推进，公司的状况不断地发生变化，所以越近的年份越能反映出公司目前的实际情况，因此年份越近权重应该越大。

本研究所选数据为五年，把权重分配给五年，分别按照 0.5、0.4、0.3、0.2、0.1 的权重分配较为合理，2014 年数据最新，故权重为 0.5；2013 年次之，权重为 0.4；2012 年、2011 年、2010 年的权重分别为 0.3、0.2、0.1。

定量指标实际值为：$\alpha_i = 0.5\alpha_{i1} + 0.4\alpha_{i2} + 0.3\alpha_{i3} + 0.2\alpha_{i4} + 0.1\alpha_{i5}$

功效计分法是按照指标实际值所做的贡献确定分值。以指标的行业最佳值为 100 分，以行业的平均值为 60 分，计算公式如下：

$$x_i = 100 - 40 \times \frac{\text{行业指标最佳值} - \alpha_i}{\text{行业指标最佳值} - \text{行业指标平均值}}$$

第二，确定定性指标（$x_{13} \sim x_{21}$）。

在综合评级模型中，定性指标不能根据现成的财务数据或其他相关数据量化，是采用综合分析判断法进行评分。这就需要专业和成熟的评估机构或评估人员组成的具有科学的工作原则和独立的第三方地位，保持客观公正。其有良好的职业素养和专业知识技能，凭借这些知识和经验，对综合评级体系中定性指标测定在深入广泛的研究和分析之后，结合其他相关因素，综合考虑、评判各类影响中小企业信用等级的非量化因素，参照评价参考标准，并以此形成评价结果，得到评价分数。

在取得定性指标信用得分 x_i 后，按照综合评级模型，求出该受评中小企业的信用分值，然后根据信用分值与信用等级的对应关系即可得到该受评中小企业的信用等级。

由于笔者并非是有着深厚的专业素养和实务经验的专业评估人员，也不能够保持独立、客观、公正的第三方立场，所以在定性指标量化得分方面，无法在后续的实证研究中体现。只能做规范化的理论分析。因此，本研究的后续实证研究以及最后的各企业信用得分，都是指没有经过定性指标考量后的得分。而定性指标的影响只能在模型进行评估前说明其影响及重要性，并且在实证研究结论得出之后补充说明。由于本模型定性指标所占比重已经足够说明样本企业的信用等级，并且最后得出研究结果的显著性也足够支持假设，所以定性研究的部分也将在最后的建议和对策中着重补充说明。

第三,确定指标权重。

本研究在确定各指标权重时,依然是参照李芳设计的模型,通过矩阵和一致性检验后得到的指标权重,本研究的指标权重如下。

定量指标权重

$$C_1 = 0.153, \quad C_2 = 0.195, \quad C_3 = 0.067,$$
$$C_4 = 0.040, \quad C_5 = 0.042, \quad C_6 = 0.023,$$
$$C_7 = 0.076, \quad C_8 = 0.094, \quad C_9 = 0.047,$$
$$C_{10} = 0.078, \quad C_{11} = 0.142, \quad C_{12} = 0.043$$

定性指标权重

$$C_{13} = 0.036, \quad C_{14} = 0.018, \quad C_{15} = 0.072,$$
$$C_{16} = 0.018, \quad C_{17} = 0.230, \quad C_{18} = 0.127,$$
$$C_{19} = 0.070, \quad C_{20} = 0.286, \quad C_{21} = 0.143$$

(4)实证检验结果与分析

按照综合评级系统模型 $y = \sum c_i x_i$,并与按省份分类汇总的投资者保护水平相匹配,达到相关性分析的口径,把其中重复出现的省份进行简单算术平均得到各省份的汇总数据(见表4-1)。

表4-1 样本企业省份信用得分汇总

省份	信用评级得分
江苏	8.56962
重庆	4.77849

续表

省份	信用评级得分
河南	18.62625
浙江	9.68624
湖北	7.56007
广东	18.79964
上海	6.26831
山东	17.12353
北京	10.91229
安徽	28.81278
福建	15.98171
新疆	16.56607
湖南	16.27513

根据魏明海等 2013 年《中国上市公司投资者保护测度与评价》中各省份投资者保护水平得分,筛选出中小企业所在地区的得分(见表 4-2)。

表 4-2 样本企业所在省份投资者保护水平得分汇总

省份	投资者保护水平得分
江苏	59.59
重庆	57.47
河南	59.40
浙江	60.96
湖北	61.21
广东	61.61
上海	58.86
山东	59.70

省份	投资者保护水平得分
北京	61.96
安徽	59.91
福建	60.34
新疆	61.57
湖南	60.00

资料来源：柳建华、魏明海、刘峰：《中国上市公司投资者保护测度与评价》，《金融学季刊》2013 年第 1 期。

最后利用 SPSS 软件，对评级结果和投资者保护水平两个变量进行描述性统计分析，得出所选取样本的基本情况；最后做了两个变量的相关性分析，可以从统计分析的角度得到两个变量的相关关系（见表 4 - 3）。

表 4 - 3　描述性统计量

相关项		得分	Bootstrap			
			偏差	标准误差	95% 置信区间	
					下限	上限
投资者保护水平	平均值	60.1985	0.0032	0.3465	59.5179	60.8574
	标准差	1.26539	- 0.07069	0.23181	0.77195	1.63831
	N	13	0	0	13	13
信用评级	平均值	13.8431	- 0.0511	1.7747	10.2495	17.3014
	标准差	6.66396	- 0.42945	1.26426	4.01329	8.67370
	N	13	0	0	13	13

注：除非另行注明，Bootstrap 结果将基于 1000 Bootstrap samples。

第一，描述性统计分析。

从样本企业所在各个省份的统计分析看，投资者保护水平均值为 60.1985，标准差为 1.26539，相对分布较集中，各省份投资者保护水平差异相对不显著。而样本企业的信用评级平均值为 13.8431，标准差为 6.66396，相对分散，各公司信用评级差异显著。

第二，相关性分析。

分析结果显示两个变量的相关系数为 0.439（见表 4-4），造成此结果的原因可能为手工采集的数据有误差或者衡量样本企业所在省份的投资者保护水平的测度准确性有待提高。在现有研究水平和研究条件下，能得到 0.439 的相关数据已经说明两个变量之间的正相关关系。

表 4-4　相关性

相关项			评级结果	投资者保护水平
评级结果	Pearson 相关性		1	0.439
	显著性（双侧）		—	0.432
	Bootstrap	偏差	0	-0.022
		标准　误差	0	0.303
		95% 置信区间　下限	1	-0.455
		上限	1	0.717
投资者保护水平	Pearson 相关性		0.439	1
	显著性（双侧）		0.432	—
	Bootstrap	偏差	-0.022	0
		标准　误差	0.303	0
		95% 置信区间　下限	-0.455	1
		上限	0.717	1

注：除非另行注明，Bootstrap 结果将基于 1000 Bootstrap samples。

（5）研究结论。

实证研究结果表明：中小企业信用评级体系的建立与投资者保护水平之间具有正相关关系。根据信息不对称理论和代理理论，该结果能得到规范性的分析。

第一，信用评级是对信用风险的估计和测量。信用风险是由所签订的契约设计不够完善和签订契约双方有冒险倾向抓机会投机的意愿而产生的，如果能在合约签订时尽量减少双方信息持有量的差别，就会有利于降低违约风险。信用评级能够降低合约双方交易的风险和成本，减小信息不对称，从而对违约风险具有弱化作用。目前，我国还没有针对中小企业的完善和成熟的信用评级体系。

从信息不对称理论上来讲，信息持有量的不均衡造成了市场交易双方权益和地位发生差别，影响社会公平、公正的原则以及市场配置资源的效率。信息持有量较多的人在交易时能够比信息持有量少的人获得较多的优势，而要获得这些信息是要付出成本和代价的。同时，由于中小企业这一融资主体本身的财务状况和经营能力、获利能力无法有效地传达到投资主体，投资主体出于风险、成本等因素的考虑，将会排除此类投资项目。这不仅造成中小企业不容易融资，而且还会损害投资者的利益。

第二，根据委托代理理论，信息不对称和有限理性的存在，导致外部投资者即股东和内部管理人员层之间代理问题的产生。公司内部管理人员处于满足个人私利等目的，极有可能不按照所有的约定来管理公司，甚至滥用公司资源，让公司的行为从利润最大化的目标逐步转化到以牺牲股东利益为代价的方向上来。在投资者保护较弱的情况下，管理不会一直按照股东利益的最大化这一准则来行事，从而导致代理成本的增加。而针对中小企业的信用评级体系一旦建立并有效地实施，将会显著地解决信息不对称问题，从而增加外部投资者的信息，而这些信息对外部投资者来说，将会使他们在与中小企业内部管理者的信息博弈中增加筹码，降低代理成本，保护投资者利益，最终有益于提高所在地区的投资者保护水平。

2. 信用评级制度设计的具体框架

目前，中国尚未建立起完善的专门针对中小企业的信用评级体系。而我国的经济发展进入了"新常态"，供给侧结构性改革也在如火如荼地进行中，金融改革也在大刀阔斧地进行中。解决中小企业融资难，提高投资者保护水平，完善金融市场和金融体制都是不可忽视的大问题。因此，建立中小企业信用评级体系的意义重大。本研究对建立中小企业信用评级体系，提高投资者保护水平提出以下建议。

（1）建立完整的信用评级体系。

在企业信用的建设和加强中，建立统一、科学、全面及标准化的信用评价基本准则及指标体系。目前的企业信用评价主要依靠银行信用评级，没有对企业全面综合的信用评价标准。在以往的企业信用评价体系中，更多地从财务指标来评价企业的盈利能力、偿债能力和发展潜力，强化企业的存货和应收账款管理，降低资产负债率等，保持企业良好的履约意愿和能力，关注企业各契约方合作关系。除了上述的信用评价指标外，企业还应建立信用公告制度，做好信用档案和失信企业的分类管理，并利用信用信息"一站式"综合检索平台、社会信用查询系统等，实现信用信息的整合共享。

企业的信用管理，不仅在企业信用评价体系中体现，在日常管理等方面强化自身信用自律，还应该引入外部监督机制，逐步改善市场信用生态环境。目前，工商部门通过注册登记、合同履行、商标注册使用以及日常监管巡查、行政处罚等多角度进行企业信用监管。除此之外，企业自身还需从投资者角度出发，建立并改善企业信用信息披露机制，维护投资者的知情权，提高企业与投资者之间的信息对称程度，让投资者更便捷、高效地行使舆论监督和监管权。

通过对中小企业的信用状况评定级别，既有利于投资者减少或避免由信息不对称造成的投资风险，又有利于金融机构对中小企业做出信贷决策，并采取相应的风险防范措施。目前，我国中小企业的信用评级问题已引起广泛关注，但是国内尚未形成统一的中小企业信用评级方法和评级模型。应该根据我国国情建立中小企业信用评级模型，力求科学、准确地反映我国中小企业的信用状况。

（2）信用评级体系要注重中小企业的定性指标。

中小企业作为有别于经营模式已相当成熟的大型企业，尚处于初创成长期。还没有形成一套独特的，足以应对各种经营风险的经营模式。所以中小企业的信用在很大程度上受到经营风险的影响。当今科学技术迅猛发展，市场瞬息万变，目前流行的产品可能在转瞬间就被新产品淘汰，导致中小企业失去了创立伊始主攻的市场，从而失去生存能力。而且中小企业规模较小，没有大型企业"尾大不掉"的弊端，中小企业在发生违约时"跑路"极其便利。以上种种都造成了中小企业的非财务指标，即定性指标对规模较小的企业的信用评估影响很大，评估中小企业信用要着重注意考量企业整体素质，包括企业文化、管理风格、领导人个人专业素质及道德素养，公司发展前景、发展战略以及宏观经济形势等因素。这样的评级体系才更适合规模相对较小的企业，才会更加科学。这样，外部投资者才能更准确地了解公司信息，才能降低投资者的投资风险。

（3）加强金融监管机构的监管。

中小企业信用评级体系建立起来之后，要严格有效地执行，真正为国民经济服务，必须要有监管机构的监管与督促，否则该系统将会被束之高阁，仅仅成为理论上的研究，无法发挥其实践价值。只有在相关监管机构的监督下，该系统才能有效并长期实施下去，并在实践中创新和改进，这才符合国家大力改革金融体制、发展金融市场、大力提高投资者水平的愿景。

（4）加强信用评级的立法工作，为中小企业创造良好的政策环境。

我国中小企业管理水平参差不齐，有的管理素质高、信用观念强，有的管理素质较低、信用观念薄弱。在信用征集过程中，需要加强中小企业的信用法制建设，完善中小企业信用管理法律法规体系，明确银行取得评级信息的权利与渠道、企业披露信息的责任与义务。

美国早在20世纪60~80年代，就已形成了以《公平信用报告法》为主体的比较完善的信用管理体系，我国可以借鉴美国的经验，加快研究制定中小企业信用管理方面的法律法规和实施细则，规范涉及企业信用信息采集、使用及评估活动的机构和组织的行为，用法律保证信用记录和报告机制公平、高效运作，同时在对整个金融法律体系进行布局时，需要考虑中小企业信用评级在各个法律法规之间的衔接问题，并做好配套的法规措施，用法律形式对中小企业账户体系、信用记录和移交、信用档案管理，信用级别评定、披露和使用，信用主客体的权利与义务及行为规范做出明确的规定，同时明确中小企业信用制度的主管部门和各相关部门的职责，使中小企业信用评级工作在法律的范围内合理运行，为中小企业信用评级发展创造良好的政策环境。

第二节　民间资本通过公共秩序有效对接"麦克米伦缺口"的制度安排

一　民营银行市场准入制度设计

当前要引导和规范民营银行，使其有助于实体经济发展，就必须强力深化垄断行业改革，放宽市场准入。切实从中小企业的需求出发，制定合理的实施细则和相关的配套法律，让民营银行真正能够进入有获利前景的行业。

首先，降低投资门槛，打破行业垄断，放宽市场准入，规范民营银行，改善商业环境，鼓励、支持和引导民营银行进入金融服务、公用事业、基础设施等领域，这将带来一个全新的中小企业的发展机会。

其次，应完善相关法律法规，完善相关制度设计，为民间投资保驾护航，保证实施效果。相关部门应该从以下方面着手：一是制定更详细的关于投资的优惠政策；二是设立一些投资平台，比如类似投融资论坛等信息平台。

再次，政府应推出一些好项目，让民营银行能看到合理的投资回报，以吸引民间资本进入。允许民营银行进入垄断行业，不仅使进入这些行业的民营银行得到快速发展的机会，也让现有的竞争白热化的传统银行降低竞争的激烈程度，改善经营环境，使其利润回升，增强内源性融资能力。

最后，采取差别化监管，对积极落实、收效良好的民营银行予以业务和市场准入等正向激励政策，反之则采取限制性措施，将民营银行开展为中小企业金融服务、将风险管理等情况纳入市场准入、日常监管和监管评级工作当中考核，积极助推民营银行的可持续发展和业务创新。

二 民营银行信用担保制度设计

企业的运行和发展离不开社会的大环境，社会良好的信用体系建立，会推动企业信用良性发展。2015 年 7 月，广东省政府印发《关于创新完善中小微企业投融资机制的若干意见》，提出建立"信用信息和融资对接平台"的措施，对推动社会信用建设和企业征信工作制度提供了有力支撑。这有利于创造一个良好的社会信用环境，消除企业与金融机构之间存在的信息不对称问题，减少金融机构对中小企业贷款时的顾虑，使资金流向中小企业。与此同时，政府应促进信用担保体系建设，鼓励互助性担保机构发展。互助性担保机构一般由当地工商联合会作为发起人，金融机构积极协助，会员企业互助联合、小额入股，进行自我服务，自担风险、自我管理。分散、实力薄弱的中小企业可以借此联合起来，降低信息不对称的程度，在向金融机构贷款时，争取到相对优惠的条件。地方政府只是这一担保机构的监管者和服务者，不可以干预企业的日常经营活动，这就保证了企业的自主性。与此同时，政府应当推动中小企业政策性担保、互助性担保、商业性担保共同发展，发挥协调作用，帮助中小企业走出融资难的困境。

三　民营银行市场退出制度设计

1. 完善民营银行的相关法律，确保民营银行合法地位

在制度上要承认民营银行的合法性，通过制定相关法律来界定它的各项权利。在法律上应明确区分现有民间借贷的合法成分与非法成分，明确合法民间借贷的活动内容

和范围，实现民间借贷和正规借贷的良性共存。① 有关法律法规的具体内容可以参考国外的先进经验，明晰借贷双方的权利义务、交易方式、合同要件、利率水平、违约责任和权益保障等内容，规范金融行为，减少金融纠纷，引导民营银行发挥其应有的积极作用。②

2. 适当放松对民营银行的制度要求，让民营银行高速发展

金融领域的多元化发展和金融自由化是今后的目标，不管是民营银行机构还是正规金融机构要一视同仁，把竞争交给市场，不要人为地对正规金融机构大力扶持而歧视民营银行机构。一是在合理监管条件下，降低设立民营银行机构的门槛，使社会上的闲散资金能够充分地利用起来；二是对中小型金融机构获取融资的要求也要降低条件，对比大型的金融机构应该在融资利率上提供一定的优惠；三是不同行业不同地区对为科技型中小微企业提供贷款的民营银行机构提供一定的税收优惠政策给予扶持，让民营银行机构能够越来越强大。

3. 完善民营银行机构进入和退出金融市场的审核标准

完善民营银行机构进入金融市场的审核标准就可以排除资质不够的民营银行扰乱金融市场秩序。进入金融市场

---

① 邵博文：《制度困境与法律对策——中小企业民间融资问题刍议》，《统计与管理》2013 年第 5 期。

② 邵书怀：《我国中小企业融资难的误区及对策建议》，《西南金融》2010 年第 7 期。

的审核标准可以因地制宜，根据不同地区民营银行的发展水平合理制定符合当地金融市场的审核标准。民营银行机构在进入金融市场前，应先向有关部门提交申请备案。金融监管机构应当明确规定审批程序、经营场所、组织形式、经营方案、注册资本、入股条件和管理层任职资格等。民营银行退出金融市场也应该制定相关的审核标准，这样就会减少对民营银行在金融市场中的负面影响。

4. 尽快颁布征信管理条例，提高科技型中小微企业信用水平

信用是市场经济的基础，良好的信用关系既能够保证企业正常经营，也能保证企业及时顺利融资。颁布《征信管理条例》有助于为规范征信业立法奠定法律基础，有助于提高科技型中小微企业信用信息的可得性。建立信用管理制度对科技型中小微企业来说是非常有效的，不仅能够维护企业的优良信誉，还能降低企业信用成本。

第三节　民间资本通过中间载体有效对接"麦克米伦缺口"的制度安排

一　政府平台通过创新信息披露制度有效对接"麦克米伦缺口"

1. 完善中小企业会计信息披露制度

2014 年，财政部根据经济发展形势，修订了《企业

会计准则》，修订后的准则及时指导了中小企业从业人员，规范了新业务的会计处理，完善了我国中小企业会计信息披露的监管制度。相关监管机构应就中小企业会计信息披露达成统一标准，提高监管效率。在完善中小企业会计信息披露制度时，应联合不同监管机构和相关资深专业协会等组织，研究出新业务的处理办法和披露要求，注重理论的可操作性，使理论和实践相结合，高效可行地促进中小企业会计信息披露制度的发展。

2. 加强对中小企业会计信息披露的监管

（1）促进不同的监管机构协调合作，形成监管合力。

我国金融市场的蓬勃发展，需要依据金融市场实际情况进行协调，进行完全的分业监管或者完全的混业监管都不切实际。现在的中小企业混业经营的情况越来越多，因此目前比较适宜的改进方案是明确划分各监管部门的职能，各个部门要相互配合，最终达到有效监管，各监管机构之间各自履行自身职能互相促进，共同监管。监管者之间需要将获得的信息进行分享，以减少不必要的工作，提高监督效力；在共同监管中，监管者需明确各自职责所在，加强协调合作，不得做出损害其他监管者的行为。在互联网时代，监管机构可以建立信息分享网站，让各个监管机构及时进行信息交流，相互协商解决监管不协调的问题，共同促进我国监管体系的建设。

（2）严格惩罚机制。

目前，我国监管机构对企业违规披露会计信息的行为惩处措施比较宽容，对违规披露信息给企业带来的资本流入远大于其受到罚款和其他后果产生的成本，因此应当提高我国企业的违规成本，对于企业的违法行为加大打击力度。

发达国家的惩罚机制非常完善，规定中详细阐明关于经济犯罪的各种情况，根据情节严重程度对不同等级的欺骗犯罪行为进行不同的刑事处罚。我国应当学习发达国家的先进之处，对违规披露信息行为追究其责任人和企业高级管理层的过失，一经查明核实，应追究其对该企业的相关责任，对公众公布其违法违规行为，让其受到监管机构和广大民众的共同监督。对于情节恶劣的犯罪行为，更应严厉打击并追究其刑事责任。

二 政府平台通过注册、备案制度有效对接"麦克米伦缺口"

政府建立中小企业项目对接平台，在平台上对所有登录平台的中小企业的关键信息建立数据库，进行企业所有者、经营场所、经营范围、财务信息、抵押物等数据的注册、备案，供有意向的投资者随时查阅、追踪。建立完善的信息注册、备案数据库，有利于减少中小企业因信用不足问题而导致的融资障碍，可以为投资者消除信息不对称等带来的疑惑和瓶颈，促进投资者和融资企业的有效对接。

三 民间资本通过纯私人秩序有效对接"麦克米伦缺口"的制度安排

1. 适当的认可机制与责任安排

（1）确定适当的认可机制。

在管理学中，认可机制是员工激励机制的一部分，是对员工良好的工作表现给予认可。德里克·赫茨伯格的动机循环模式认为，增强员工工作动力和满意度的源泉来自这样一个循环：挑战—成就—认可。对员工杰出绩效的认可和奖励，是组织的报酬系统中至关重要的但经常被忽视的一部分。但是，过于对员工肯定又会导致其惰性的激发。

这一理论同样可以运用于激发私人秩序的民间资本活力上，从法律和宏观管理层面上，可以对合理的民间借贷活动予以肯定，并给予法律保护。但对超出法律规定和宏观管理允许范围的民间借贷要坚决予以打击，以维护民间金融市场稳定，提升投资者投资信心。因此，应设计出适当的认可机制，对民间借贷的合理范围给予上下限界定。

（2）使用责任分配矩阵进行责任安排。

责任分配矩阵是一种将项目所需完成的工作落实到项目有关部门，并明确有关部门在组织中的关系、责任和地位的一种工具。它将人员配备与项目分解结构相联系，明确表示工作分解结构中每个工作单元由谁负责、谁参与，并表明每个人或部门在项目中的地位。在一般情况下，责任矩阵中纵向列出项目所需完成的工作单元，横向列出项目组织成员或部门名称，纵向和横向交叉处表示项目组织成员或部门在某个工作单元中的职责。在私人秩序的民间借贷活动中，可以利用责任分配矩阵，将不同情况的资金对接在矩阵中列明，并针对具体情况明确界定参与主体的责任分配。责权明晰，使投资人和被投资人都明确自己在对接中的收益和风险，从而可以做到提前预知和防范。

2. 相对独立的事后司法机制

（1）司法部门应完善事后司法协调机制。

按照相关政策规定进一步完善司法体系，实现事后补偿功能，提高司法效率。例如，可以在法院设立专门法庭的基础上，成立行业协会进行自律管理。

（2）完善司法稳定协调机制。

建立处理民间借贷突发事件的紧急预案及应对机制，出台相关政策允许相关金融机构对民间借贷风险进行预测、评估，主动防范由风险带来的损失，增强风险防范意识。除此之外，向社会普及民间借贷法律常识，为民间借贷提供必要的帮助，维护民营银行市场安全。

3. 相对独立的事前监管机制

企业应重视企业的内部积累，提高自身的综合实力。尤其是企业经营者，要不断提高自身的综合素养，掌握相关的融资知识和管理知识。与此同时，应加强企业各种信息的透明度，确保财务数据真实可靠，完善财务报告，减少信息不对称，建立规范的财务体系。企业要实行标准化、规范化管理，便于与金融机构互换信息，以便银行进行准确、科学的资信调查，从而提高资信等级。同时，企业要树立自身形象，增强信用意识。在中小企业发展过程中，经营信誉是一种非常重要的无形资产，不仅在面对客户时非常重要，在企业融资过程中也会起到相当大的作用，是企业经营素质、职业道德的综合体现。中小企业应当树立信用观，不断加强诚信教育，建立属于自己的企业文化，以诚为本，及时向相关当事人提供可靠、真实的财务信息，减少信息不对称。同时，要加强管理企业债务，防止资金链断裂，确保企业在各个金融机构中没有不良贷款记录，从而为企业建立良好的信用形象。

中小型企业对资金的需求具有"短、频、急"的特点。然而现阶段大部分金融机构信贷流程十分复杂烦琐，使一部分中小型企业望而却步。金融机构可以对中小型企业进行信用评级，对一些资信状况良好的中小型企业可以放宽信贷条件、提供优惠服务，从而调动中小型企业对诚信融资的积极性，促进信贷业务的良性循环。与此同时，应该适当、合理的简化信贷手续，达到真正的便民利民。信贷收入作为所有金融机构收入的主要来源，占有极为重要的地位，因此作为金融机构信贷人员就要有较强的职业素养和道德理念。金融机构应加强对专门从事信贷业务人员的内部培训，提高其专业素养，并且制定合理有效的绩效考核制度，让业绩与员工的切实利益相挂钩，调动员工工作的积极性。

第五章

民间资本有效对接"麦克米伦缺口"的实现路径

第一节　通过加强中小企业信用建设实现与投资者的对接

　　纵观世界各地，无论是欧洲及美、日、韩等发达国家还是非洲的贫穷落后国家，中小企业数量在企业总数中占绝对多数，为社会提供了大量的就业岗位，创造了大量的财富。中小企业在促进我国经济增长、激发创新活力、增加国家税收、吸收社会就业和改善人民生活等方面具有不可替代的作用。中小企业在各国经济发展中的重要性不言而喻，在提高市场竞争力、促进经济增长和缓解就业压力等方面发挥了重要作用，但与其在国民经济中重要地位不相称的生存环境制约了它们的进一步发展，如资金短缺、信用不足、技术落后、人才缺乏、管理水平粗放等，其中信用整体发展水平不足和融资困难的问题严重困扰了中小企业的发展，成为中小企业发展的长期"阻力"。

我国目前存在的金融体系是以国有银行为主的，一直以来，国有银行的主要服务对象是国有企业。并且，大银行往往因为缺乏对中小企业经营信息的了解、与中小企业之间交易存在更高的交易成本等原因，不愿为中小企业进行融资，这就导致中小企业更难获得资金来源。市场对资源的配置失灵是市场对资源调控能力变弱、借贷双方供求不平衡等因素共同作用的结果。据统计，目前我国的中小企业占全国企业总数的97%，中小企业的快速发展给GDP带来的贡献率达到65%，为国家贡献的税收收入占总额的50%以上，是推动国民经济快速健康发展的强大力量。[①]中小企业的快速发展，大大提升了其对金融服务业的需求，然而各类金融机构对中小企业的金融支持力度都相对较小，这难以满足中小企业在发展过程中对资金的需求。现阶段，中小企业对融资信用重视程度不足，加上在竞争激烈的市场经济中其盈利水平较低，信用风险偏高，有较大的违约风险，这就使投资者风险也一并增加，所以投资者在选择投资时会有种种顾虑，这直接会影响中小企业的融资，最终导致出现融资困境。中小企业融资难的问题从深层次的角度考虑是融资效率问题，即融资效率低。融资

① 马本江、张瑜、周忠民：《混合所有制改革背景下国有资本投资民营企业的条件融资契约设计》，《商业研究》2018年第10期。

效率低通常体现在中小企业在融资过程中融资成本高，中小企业融资需求和资金持有者的投资供给匹配度不足，两者很难达到高度契合，导致中小企业整体融资效率低下，从而出现融资难的困境，进而制约企业可持续发展。目前，有很多学者关注导致融资效率低的因素，包括企业的融资方式、股权结构、融资环境（包括银行环境、担保环境、信用环境和政府环境）、融资成本、资金利用率、融资风险、融资机制规范度、资本市场成熟度、融资主体自由度和资金到位率等，鲜有人关注企业信用与投资者风险的关系问题。经过大量的实践观测，企业信用与投资者风险往往是制约中小企业融资效率的两个重要因素，所以有必要进一步探究它们之间的关系，并通过提高企业信用和防范投资风险来提升中小企业融资效率。

一 传导机制中的关键概念界定

1. 融资效率

笔者在整理有关融资效率外文文献时发现："融资效率"概念在西方文献中鲜有出现，这与西方对财产组织体系、产权制度及融资效率的研究不丰富有关。在我国，曾康霖在研究融资方式时取得了较大成就，相对于国内其他学者而言比较早地在研究中运用"融资效率"这一概念。他指出，对于融资形式的选择主要关注两个方面，即融资效率和成本，选取影响融资效率与成本的因素，并以这个因素为基础对影响融资效率与成本的因素进行了分析探索。[①] 宋文兵在对股票融资和银行借贷这两种融资方式进行比较时,正式使用了融资效率这一概念,他指出:"经济学中的效率概念指的是成本与收益的关系。"[②] 不久之后,融资效率的概念在宋文兵另一篇文章中出现,指出:"经济学中所说的效率主要是成本和收益之间的关系,而配置效率以及交易效率是融资效率所包含的主要方面,前者主要是指将重要资本分配给能使其达到最优化的投资者;后者主要说怎样选择能以最低的成本为筹资者融入所需资金的融资方式,也为投资者资金融出出谋划策,找出使其信服的融资途径。"[③] 刘海虹以资金的趋利性为出发点,提出企业的融资过程其实就是其资源的配置过程,只不过这个过程是以资金供求为形式表现出来的,与此不同,社会资源的配置效率是通过企业或行业获得资金的方式、规模等映射出来的。[④] 卢福财认为企业所选融资方式或融资制度在完成储蓄向投资变更时所起的作用就是融资效率。[⑤] 他对企业融资效率的分析体系进行了一系列构造,并指出在对企业融资效率进行分析时应该从多个角度进行分析,例如微观、宏观。马亚军和宋林对企业融资效率进行了深层次

① 曾康霖:《对影响股价变动的几个经济变量的分析》,《四川金融》1994年第9期。
② 宋文兵:《对当前融资形势的理性思考》,《改革与战略》1997年第6期。
③ 宋文兵:《关于融资方式需要澄清的几个问题》,《金融研究》1998年第1期。
④ 刘海虹:《国有企业融资效率与银行危机相关性研究》,《财经问题研究》2000年第3期。
⑤ 卢福财:《企业融资效率分析》,经济管理出版社,2001。

的解析，并认为企业的融资效率就是以最低的成本获取资金并使其得到高效的运用且获取更大收益。[①] 高贵亮以钢铁行业为研究对象，并第一次将熵值法引入该行业，对钢铁行业的融资效率进行评价。[②] 陈敬武和孙媛将企业的融资效率定义为融资方式及融资体制对企业内部运作机制所产生的作用及功效，这种作用及功效体现在企业资金的融入和使用两方面。[③] 廖艳、沈亚娟、杨选思将融资效率界定为企业进行资金融通的投入和产出的效益比，即考虑资金融入的成本以及对融入资金的使用效率，包括资金融入效率和资金配置效率。其中资金融入效率考虑融资能力、融资成本和融资风险的影响，资金配置效率考虑企业营运资金的使用效益。[④]

2. 企业信用

世界上任何价值物的交易、支付与存储都需要以信用作为前提，信用是整个数字经济的基础，如果缺乏信用将会导致任何价值物的交换受到阻碍。金融的本质是价值流通，金融的资金结算与清算功能、风险管理与分散功能、资源聚集与分配功能都要依靠信用来实现。最初信用的建立依靠宗族与血缘关系；随着宗教的兴起和道德的形成，信用的

---

① 马亚军、宋林：《企业融资效率及理论分析框架》，《财经科学》2004 年第 S1 期。

② 高贵亮：《中国钢铁企业融资效率研究》，辽宁大学硕士学位论文，2009。

③ 陈敬武、孙媛：《京津冀上市中小企业融资方式对融资效率影响的实证研究》，《商业会计》2016 年第 14 期。

④ 廖艳、沈亚娟、杨选思：《新三板中小企业融资效率及其影响因素研究》，《会计之友》2017 年第 11 期。

建立也逐渐变化；当社会法律法规逐渐完善后，信用的建立过渡至依靠法律，如今数字化盛行，互联网由传递信息逐渐向传递价值过渡，未来信用的建立可能需要依靠技术。

《韦氏词典》（英文版）对《信用》的定义是：在买卖交易中没有直接交付货币也可以给予的安全保障系统，它是交易双方遵守协议和实现交易的基础。《中国大百科全书》对信用的解释是：在市场经济中，债务人和债权人按照事前约定交换商品，债务人事后支付货款和利息的活动。信用成为社会价值、经济价值和实践价值交换度量的资本。而对于企业信用，狭义的定义是指一个债权企业对债务企业赋予的信用，如企业进行的产品赊销行为。目前，广义的企业信用已经不仅仅是企业的贸易借贷活动，企业作为市场的重要参与者，在企业与企业之间、企业与政府之间、企业与消费者之间建立良好的信用关系，是社会及市场良好发展的重要保障，因此企业信用是指在现代的市场交易活动中企业信用的行为能力或履约能力。戈德史密斯等认为，企业信用是指与企业相关的信用活动。[1] Mahon 和 Cowan 认为，企业在商品交换中提供有质量保证的产品和服务，并能获得卖方信任的能力，称为企业信用。[2] 企业信用是企业在市场经济中通过提供的优质产品和服务，以良好的管理能力、雄厚的企业实力和主动承担社会责任等

---

[1] 雷蒙德·W. 戈德史密斯：《金融结构与金融发展》，浦寿海译，上海人民出版社，1969。

[2] Mahon D. , Cowan C. , "Irish Consumers Perception of Food Safety and Risk in Minced Beef," *British Food Journal* 4 (2004)。

而获得的社会信任感，从而形成企业的核心竞争力。

3. 投资者风险

就投资者来说，Mollick 等在美国 Kickstarter 众筹网站上发现，约37%的融资成功的众筹项目存在超出预算融资额、延迟产品发货、产品质量低于预期的描述，甚至还出现停止生产的情况，这使投资者遭遇不小的损失。[①] Shahrokhsheik 针对股权众筹中的资金风险提出了自己的见解：由于股权众筹融资一般需要在指定时间内完成，因此投资者的资金通常要在指定的"地点"进行聚集，达到项目需求的数额后再进行下一步的预期流转，因此股权众筹融资中形成"资金池"的可能性比较高。[②] 根据中国《刑法》对于"资金池"的定义，使股权众筹融资具有一定的非法集资风险，投资者的资金具有较大的无法追回的风险。杨东和苏伦嘎的研究表示，在众筹融资合作协议达成之前的阶段，各个平台的服务主要是为了投资者和筹资者双方提供相应的投融资机会，平台与投资者、平台与筹资者之间都属于居间法律关系，这中间会存在一定的风险。[③] 在投资风险上，杨东和苏伦嘎合著的文章中提到，在投资者审核方面可能会造成三种类型的风险。一是不完善的投资者审

① 载《死亡率高达七成，区块链技术能挽救众筹模式吗?》，网易，http://dy.163.com/v2/article/detail/EFMPR15R05313F8O.html，2019 年 5 月 21 日。

② 载王建文、郭梦川《论领投人模式下股权众筹法律风险及其应对方案》，《行政与法》2016 年第 2 期。

③ 杨东、苏伦嘎：《股权众筹平台的运营模式及风险防范》，《国家检察官学院学报》2014 年第 4 期。

核机制可能会对投资者本身带来一定的风险；二是不完善的投资者入门审核制度也有可能会对初创企业带来风险，如果允许任何人查阅初创个人或者初创企业的项目构思和项目框架、商业计划书等属于商业机密的内容，则有可能造成此类内容的泄密；三是不完善的投资者审核机制也可能给平台自身带来风险。[①] 国外学者 Shahrokh Sheik 通过对股权众筹融资资金流的研究认为："由于股权融资的过程一般是一个需要特定时间予以完成的过程，因此资金往往需要在指定的'地点'进行汇集，达成一定数额后便进行预期的流转，股权众筹融资过程中形成'资金池'的可能性是比较高的。"[②] 在资金风险方面，国外学者 Eunkyoung Lee 表示，对目标项目筹资额度上限的突破，更多的是侧重于市场机制所产生的作用，并没有把金融市场投资中存在的市场缺陷以及"羊群效益"充分考虑在其中，非常容易导致股权融资这种融资形式在市场中成为"脱缰野马"，从而肆意横行，这在一定程度上对股权众筹的监督管理提出了更高的要求。[③] 邱勋和陈月波认为，我国目前还没正式的股权众筹融资的相关法规出台，这一法律空白使我国的股权众筹行业一直处于灰色地带，很容易被界定

---

① 杨东、苏伦嘎：《股权众筹平台的运营模式及风险防范》，《国家检察官学院学报》2014 年第 4 期。

② Shahrokh Sheik, "Although Donation-based Crowdfunding Has Experienced Some Success' Questions Remain about the Practicality of Equity-based Crowdfunding," *Los Angeles Lawyer may* 1（2013）.

③ Eunkyoung Lee, Byungtae Lee, "Herding behavior in online P2P lending: An empirical investigation," *Electronic Commerce Research and Applications* 5（2012）.

为"非法集资"。① 朱玲认为众筹平台除了面临法律定义为"非法集资"的风险，投资者保护严重缺失也是重要的风险之一，具体表现在如下几个方面。一是三方众筹平台可能存在项目欺诈、恶意串通及其他道德风险；二是信息披露不完善，信息不对称；三是合格投资者准入制度不完善。② 所以目前在国内对股权众筹融资的研究中有众多的学者表示存在风险。

二 传导机制的理论分析

1. 信息不对称理论

中小企业融资难的问题实质上是信息不对称问题。融资主体本身的财务状况和经营能力、获利能力无法有效地传达到投资主体，投资主体出于风险、成本等因素考虑将其排除投资项目。

所谓信息不对称理论（information asymmetry）是指：在社会政治、经济等活动中，某些参与者拥有其他参与者没有办法获得和占据的信息，由此造成信息的不对称，可以导致市场交易地位和关系以及契约规定的不公平或者市场效率不高的问题。在市场经济活动中，各类参与者持有不同的相关信息，获得和占据信息比较充分的参与者，经常能站在比较优势的位置；而信息不足的参与者，则站在相对劣势的位

---

① 邱勋、陈月波：《股权众筹：融资模式、价值与风险监管》，《新金融》2014 年第 9 期。

② 朱玲：《股权众筹在中国的合法化研究》，《吉林金融研究》2014 年第 6 期。

置。不对称信息可能导致反向选择（Adverse Selection）。

信息不对称理论并不像自由市场理论那样历史悠久，在亚当·斯密推崇自由市场理论的时候，所有人都认为在完备和自由的市场中，每个参与者的地位是一样的，大家都在平等的基础上进行交易。却没有考虑到每个人所获得的信息和本来拥有的信息是不一样的。

在信息占有处于优势的人在交易中也处于优势，这实际上形成一种“信息租金”，而“信息租金”又是连接各个买卖环节的纽带。各个行业实质上都是一个特色信息的专门组合，每个行业的信息不同，是产生信息不对称的原因，而想得到此类信息必须付出一定的成本的。

在实际中，信息持有量不同的现象已经相当普遍地存在于日常经济活动中，并且对经济行为和经济后果产生了相当大的影响，甚至已经降低了市场配置资源的效率，使占有信息优势的一方在交易中能够取得许多额外的利益。

2. 信号传递理论

市场中存在信息不对称情况主要是资本市场中的信息不完全公开所致，如发布业绩、发放股利、融资计划等经常会以一种间接的形式向市场中的利益相关者传递着内部信息。财务领域中的信号理论是由罗斯引入的，他认为以股利政策、融资决策或者资本结构这三种途径能够把信息传递给市场中的机构投资者。[①] 信号传递理论讨论的内容是

---

① 载范培华、吴昀桥《信号传递理论研究述评和未来展望》，《上海管理科学》2016 年第 3 期。

当企业有信息不对称情况产生的时候，会通过什么样的途径向市场传递信息。一些企业或管理者为了能够向外部利益相关人士传递真实的价值信息，选择合适的途径是非常重要的。在选择融资决策的时候，企业可能采取负债融资的途径，该种行为以一种间接的手段将内部信息传递给市场，以此来传递自己的财务结构发生了变化，此时投资者若是捕捉到这一信息，则可能会产生一种错觉即企业价值增加了，然而企业的价值并没有发生变化。当企业采取融资决策的时候，市场上会收到一些信息，企业的经营状况有可能在一定程度上被间接地反映出来，如企业会发布一些相关信息，信息传递到市场中引起企业股价的波动。

3. 优序融资理论

优序融资理论认为在现实世界中，MM 理论假设的理想金融市场并不存在，现实的金融市场为不完全市场，由于信息不对称以及交易成本等因素影响，企业的融资方式对企业融资成本有重要影响。一是企业内源融资成本低于外源融资成本，融资成本最低的是企业用留存收益补充资本。二是债权融资成本低于股权融资成本。由于投资者意识到金融市场存在信息不对称的问题，因而企业在发行股票融资时向投资者传递出公司经营状况不好的信号会对公司形象产生负面影响，而发行债券受此影响较小，因而债权融资成本低于股权融资成本。

4. 代理理论

信息不对称和有限理性的存在，产生了外部股东和内部管理者之间的代理问题。公司内部管理人员出于满足个人私利等目的，极有可能不按照当时和外部所有者契约约定来管理公司的运作，甚至滥用公司资源，让公司的行为从利润最大化的目标逐步转化到以牺牲股东利益为代价的方向上来。在投资者保护较弱的情况下，管理不会一直按照股东利益最大化这一准则来行事，从而导致代理成本的产生。

委托代理理论是"契约理论"的基本内容。在整个体系中，代理关系的定义是指几个行为主体依照一个明确的或暗含的契约，派任或聘用另一些行为主体为其提供劳务，与此同时给予后者相关的决策权利，并按照后者提供的服务数量以及质量对其支付相应的物质或财务回报。授权者是委托人，被授权者就是代理人。

在委托代理关系中，因为委托人和代理人各自的偏好存在不同，委托人追求的是个人利益最大化，而代理人追求的是个人财富、声誉以及非工作时间最大化，这就使两者的利益产生不同。在缺乏有效的相关规定的条件下，就非常有可能发生代理人忽视委托人的要求，发生有害于委托人的事情。而整个社会，包括经济领域和其他领域都普遍存在委托代理关系。

三 实证研究设计

当前，学术界已有的结论是企业信用与投资者风险都能够影响中小企业的融资效率，然而它们之间的关系还未梳理清晰，根据现有的理论基础，研究它们之间有什么样的影响，投资者风险是如何影响企业信用对中小企业融资效率的，并提出了它们之间关系的假设。

1. 相关理论分析与假设

（1）企业信用与中小企业融资效率。

马国建认为中小企业信用基础薄弱，融资、贷款难等问题依然困扰着中小企业，造成中小企业流动资金紧缺。[①] 丁建红研究了影响中小企业融资的因素，并通过对企业信用与融资效率的相关性研究，得出中小企业融资难的主要原因在于"信息不对称"。[②] 独立、公正、客观的信用评级会对企业融资起到很大的促进作用。对投资者而言，信用评级可以作为判断信用风险、评价投资价值的重要依据，有利于投资者规避风险、保护自身利益；对发行人而言，有利于提高其知名度，按照优惠条件迅速发行债券，降低融资成本，并为其在更大范围内筹资提供了可能；对监管当局而言，有利于有甄别地实施监管，提高监管效率；对资本市场而言，可以降低信息成本，提高融资市场的效率，实现资源的合理配置。在"信息不对称"理论下，不少学者认为，中小企业财务制度不健全，会计信息透明度差，抗风险能力弱，信用等级不高，加之缺乏对失

---

① 马国建：《镇江市中小企业信用实证研究》，《江苏商论》2003 年第 9 期。
② 丁建红：《我国中小企业信用体系与融资问题研究》，浙江大学硕士学位论文，2005。

信行为的惩戒机制，许多中小企业利用改制、破产、兼并、多头开户等手段千方百计地悬空银行债务，使社会信用环境持续恶化。由此可以看出，中小企业信用缺失使融资难问题一直存在，要想解决这一问题，必须使企业信用有所提高，这样才会缓解融资约束障碍，进而提高了中小企业的融资效率。为此，笔者提出假说1。

假说1：中小企业信用越高，融资效率越大，二者呈正相关关系。

（2）企业信用与投资者风险。

根据优序融资理论，企业内源融资成本低于外源融资成本。融资成本最低的是企业用留存收益补充资本。中小企业无论是固定资产投资还是流动资金周转都主要依赖企业自有资金，在外部金融市场难以筹措到所需资金。我国金融市场发展不健全，金融体制相对不完善，虽然建立了面向中小企业上市的中小板和创业板市场，但还不完善，进入门槛较高，对量大面广的中小企业来说可望而不可即。中小企业自身实力较弱、信用等级偏低等问题的存在，难以得到银行贷款。中小企业由于自身条件限制和有关政策原因也无法通过发行债券获取资金。有些中小企业希望通过民间借贷来实现融资，但中小企业在信息披露等方面存在的问题，会使投资者有所顾虑，他们在给中小企业贷款的同时会考虑到自身的风险。寻求贷款企业的信用如果很低的话，投资者会认为自己将面临较高的投资风险。因此，笔者提出假设2。

假说2：中小企业信用越低，投资者风险越高。

（3）投资者风险与中小企业融资效率。

中小企业与投资者之间存在信息不对称问题，由于中小企业大多处于初创期，经济效益不明确、发展前景不明朗、盈利能力无保障，中小企业的核心价值主要体现在发展扩大现有业务，使企业能够健康持续成长。中小企业由于经济效益以及未来的发展具有较大的不确定性，投资者对中小企业信用、投资回报和风险难以估量，投资者投资后是否有回报存在高度的不确定性，这使投资者处于高风险的状态中。此类企业的融资比较艰难，降低了融资效率。20世纪70年代初，爱德华·肖和罗纳德·麦金农等经济学家，在世界银行的资助下以发展中国家为样本，提出了著名的"金融抑制和金融深化"理论。在"不对称信息论"的基础上，约瑟夫·斯蒂格利茨和安德鲁·温斯在1981年发表题为《不完备信息市场中的信贷配给》的论文，阐述了商业银行信贷市场由信息不对称所导致的逆向选择和道德风险问题，并解释了"信贷配给"现象，提出了信贷配给理论。这些学者认为，即使有政府干预，信贷配给仍会作为一种供需中长期均衡现象而存在，从而不利于中小企业融资。Stiglitz 和 Weiss 建立了以信贷市场信息不对称为基础的理论模型，该模型证明了信贷市场上的信息不对称必然会导致道德风险和信息不对称，使银行面临较高的信贷风险。[1] Ber-

---

[1] J. E. Stiglitz and A. Weiss, "Credit Rationing in Markets With Imperfect Information," *American Economic Review* 3（1981）.

ger 和 Udell 认为，信息不对称是造成中小企业融资供给约束的主要原因，信息不对称会使投资者风险升高，进而导致中小企业的融资效率降低。[1] 根据信息不对称理论，投资者与金融机构之间所获得信息的不对称，将会导致投资者高估投资风险、低估投资收益，投资者在进行投资时必然会有所保留，并且会提出更为苛刻的担保条件来保证自己的利益。这种情形的出现必然会导致企业融资过程困难、融资成本增加，致使融资效率低下。这会成为中小企业融资的绊脚石。基于以上分析，笔者提出假说3。

假说3：投资者风险越高，融资效率越低。

根据信号传递理论，当企业采取融资决策的时候，市场上会收到一些信息，企业的经营状况有可能在一定程度上被间接地反映出来，中小企业的信息可能在传递过程中使投资者认为中小企业的信息失真，这会在很大程度上影响投资者的投资意愿。由于企业信息在传递给投资者时会出现一定的偏差，所以中小企业的信用在某种程度上会在投资者那里降低，投资者投资时就会考虑投资风险。如果投资者认为投资风险过高，则会相应地减少对中小企业的投资，使中小企业再次寻找其他的融资途径，导致融资成本增加，进而降低了中小企业的融资效率。中小企业的信用会影响其自身的融资效率，这种影响需要一个过程。中

---

[1] Berger, A. N. and Udell, G. F., "The Economics of Small Business Finance: The Roles of Private Equity and Debt Markets in the Financial Growth Cycle," *Journal of Banking and Finance* 22（1998）.

小企业的信用会影响投资者对投资风险的关注，而投资者风险会对企业融资效率产生影响。由此可见，中小企业信用可以通过投资者风险间接作用于企业的融资效率。因此，笔者提出假说4。

假说4：投资者风险是中小企业融资效率的部分中介变量。

2. 样本选取和数据来源

本研究以我国证券市场中中小板和创业板上市公司2011～2017年的数据为样本。为了保证实证研究的可行性和有效性，笔者对这些样本企业按照一些条件进行筛选。一是剔除 ST 和 * ST 上市公司样本。由于这类企业已经连续两年或者两年以上出现亏损，抑或存在资不抵债的情况，其数据具有不稳定性，并且不具有代表性，因此将其从研究样本中剔除。二是剔除数据缺失值，这样可以避免因数据不全给研究结论造成的影响。三是为贯彻落实《中华人民共和国中小企业促进法》和《国务院关于进一步促进中小企业发展的若干意见》（国发〔2009〕36号），工信部、国家统计局、国家发改委、财政部研究下发了《关于印发中小企业划型标准规定的通知》，从企业从业人员、营业收入、资产总额等方面限定了中小企业的范围（见表5－1），而中小板及创业板上市公司中的部分企业由于后期规模扩大已不再满足中小企业的标准，所以本研究再从中筛选出符合条件的中小企业。

表 5 − 1　企业划分标准

单位：万元，人

行业名称	指标名称	大型	中型	小型	微型
农、林、牧、渔业	营业收入（Y）	Y≥20000	500≤Y<20000	50≤Y<500	Y<50
工业	从业人员（X）	X≥1000	300≤X<1000	20≤X<300	X<20
	营业收入（Y）	Y≥40000	2000≤Y<40000	300≤Y<2000	Y<300
建筑业	营业收入（Y）	Y≥80000	6000≤Y<80000	300≤Y<6000	Y<300
	资产总额（Z）	Z≥80000	5000≤Z<80000	300≤Z<5000	Z<300
批发业	从业人员（X）	X≥200	20≤X<200	5≤X<20	X<5
	营业收入（Y）	Y≥40000	5000≤Y<40000	1000≤Y<5000	Y<1000
零售业	从业人员（X）	X≥300	50≤X<300	10≤X<50	X<10
	营业收入（Y）	Y≥20000	500≤Y<20000	100≤Y<500	Y<100
交通运输业	从业人员（X）	X≥1000	300≤X<1000	20≤X<300	X<20
	营业收入（Y）	Y≥30000	3000≤Y<30000	200≤Y<3000	Y<200
仓储业	从业人员（X）	X≥200	100≤X<200	20≤X<100	X<20
	营业收入（Y）	Y≥30000	1000≤Y<30000	100≤Y<1000	Y<100
邮政业	从业人员（X）	X≥1000	300≤X<1000	20≤X<300	X<20
	营业收入（Y）	Y≥30000	2000≤Y<30000	100≤Y<2000	Y<100
住宿业	从业人员（X）	X≥300	100≤X<300	10≤X<100	X<10
	营业收入（Y）	Y≥10000	2000≤Y<10000	100≤Y<2000	Y<100
餐饮业	从业人员（X）	X≥300	100≤X<300	10≤X<100	X<10
	营业收入（Y）	Y≥10000	2000≤Y<10000	100≤Y<2000	Y<100
信息传输业	从业人员（X）	X≥2000	100≤X<2000	10≤X<100	X<10
	营业收入（Y）	Y≥100000	1000≤Y<100000	100≤Y<1000	Y<100
软件和信息技术服务业	从业人员（X）	X≥300	100≤X<300	10≤X<100	X<10
	营业收入（Y）	Y≥10000	1000≤Y<10000	50≤Y<1000	Y<50
房地产开发经营	营业收入（Y）	Y≥200000	1000≤Y<200000	100≤Y<1000	Y<100
	资产总额（Z）	Z≥10000	5000≤Z<10000	2000≤Z<5000	Z<2000

续表

行业名称	指标名称	大型	中型	小型	微型
物业管理	从业人员（X）	X≥1000	300≤X<1000	100≤X<300	X<100
	营业收入（Y）	Y≥5000	1000≤Y<5000	500≤Y<1000	Y<500
租赁和商务服务业	从业人员（X）	X≥300	100≤X<300	10≤X<100	X<10
	资产总额（Z）	Z≥120000	8000≤Z<120000	100≤Z<8000	Z<100
其他未列明行业	从业人员（X）	X≥300	100≤X<300	10≤X<100	X<10

数据来源：工信部、国家统计局、国家发改委、财政部：《关于印发中小企业划型标准规定的通知》，中央人民政府网站：http://www.gov.cn/zwgk/2011-07/04/content_1898747.htm，2011年7月4日。

经过上述筛选之后，本研究主要对 2011~2017 年的 128 家上市公司的数据进行研究。样本企业研究数据的获取，主要来自 CSMAR 数据库，在经过筛选 5% 的 winsor 数据处理过后，最后参与实证研究的数据记录共 896 条。对数据处理主要采用的软件是 SAS 和 Excel 软件。

3. 变量定义与模型设计

本研究涉及的变量由融资效率、企业信用、投资者风险、固定资产比重、财务杠杆、企业规模、成长能力 7 个指标构成（见表 5-2）。

表 5-2　变量描述

变量类型	变量名称	变量代码	变量描述
被解释变量	企业融资效率	Rzxl	融资成本率 = 融资成本/筹集资金
解释变量	企业信用	Credit	$Z = 6.51X_1 + 3.26X_2 + 6.72X_3 + 1.05X_4 + 3.25$

续表

变量类型	变量名称	变量代码	变量描述
			X_1 = 运营资本/总资产
			X_2 = 留存收益/总资产
			X_3 = 息税前收益/总资产
			X_4 = 营业现金净流量/总资产
中介变量	投资者风险	Risk	股票收益率的标准差
控制变量	固定资产比重	Fix Asset	固定资产净额/总资产
	成长能力	Growth	营业收入增长率
	财务杠杆	Lev	上市前一年年底的资产负债率
	企业规模	size	对总资产账面价值取自然对数

（1）融资效率的衡量。

融资效率（Rzxl）是被解释变量，指在既定投入数量下，企业实际产出与理论最大产出的比值。关于评价企业融资效率的指标，魏开文从融资成本、资金利用率、融资机制规范度、融资主体自由度和清偿能力五个方面建立指标对企业融资效率进行了评价。[①] 高有才使用经济附加值（EVA）作为度量企业融资效率的指标，认为 EVA 值越大，企业融入资金的使用效率就越高。[②] 马亚军和宋林从投入产出角度分析，将投资报酬率与资本成本率作为衡量融资效率的指标。[③] 胡慧娟和李刚从融资成本、融资结构、企业法人治理结构、融资收益与风险、融资机制的规范

[①] 魏开文：《中小企业融资效率模糊分析》，《金融研究》2001 年第 6 期。

[②] 高有才：《企业融资效率研究》，武汉大学博士学位论文，2003。

[③] 马亚军、宋林：《企业融资效率及理性分析框架》，《财经科学》2014 年第 5 期。

度、宏观经济环境等方面对融资效率进行了分析。[①] 公言磊等认为上市公司的融资效率包括微观效率和宏观效率，并且都受到融资制度的影响。[②] 通过对文献的阅读，本研究对中小企业融资效率选取融资成本率进行测量，因为融资过程实际上是通过资金供求形式所表现的资源配置过程，企业是否以低成本筹得所需资金决定了企业的融资效率。融资成本率高说明在融资过程中筹集资金的成本高，进而使融资效率降低。

我国不同行业的融资效率，随着我国社会经济的不断发展，产业结构也在不断变化，第三产业服务类行业整体的融资效率超过了传统的第一产业的农业和第二产业的工业。在上市公司中，信息传输、软件和信息技术服务业及科学研究和技术服务业的融资效率并不高，而建筑业与房地产业拥有较高的融资效率，制造业的整体融资效率处于中等偏下（见表5-3）。

表5-3 上市公司融资效率的行业差异

行业	融资效率
农、林、牧、渔业	0.748
采矿业	1.163
制造业	1.181

① 胡慧娟、李刚：《中小企业融资效率影响因素分析》，《会计之友》2008年第9期。
② 公言磊、韩彬、赵博：《关于提高上市公司融资效率的建议》，《财政监督》2007年第2期。

续表

行业	融资效率
电力、热力、燃气及水生产和供应业	1.306
建筑业	1.411
批发和零售业	1.399
交通运输、仓储和邮政业	1.346
住宿和餐饮业	1.179
信息传输、软件和信息技术服务业	1.280
房地产业	1.589
租赁和商务服务业	1.221
科学研究和技术服务业	1.312
水利、环境和公共设施管理业	1.401
教育	0.534
卫生和社会工作	1.626
文化、体育和娱乐业	1.517
综合	0.731

数据来源：同花顺数据中心，http://data.10jqka.com.cn/。

（2）企业信用的衡量。

企业信用（Credit）是解释变量，企业的信用风险主要表现为财务状况，信用风险的大小主要取决于偿还债务的能力，该能力可以在财务报表中体现出来，企业主要通过经营所产生的利润偿还债务本息，企业在财务恶化后将无力偿还债务或失去偿还债务的意愿，导致信用违约。所以财务状况反映了企业的信用，企业由于流动性不足、内部管理存在缺陷、经营和财务状况恶化导致债务无法正常偿还而产生违约的信用风险。目前，信用风险都是根据企业财务指标再使用数量模型进行计算判定。本研究使用王胜以 Altman Z 计分模型为基础建立的适用于中小企业的新 Z 模型[1]，该模型简单易懂、计算简便，所有数据均可直接根据财务报表得到。外部投资者可以根据其模型从多项财务指标考虑，对公司的预测评价比较全面，并以此作为投资决策的依据。

（3）投资者风险的衡量。

投资者风险（Risk）是中介变量，对其风险的度量是对数据波动性的研究，根据 1952 年 Markowitz 的投资组合理论[2]，投资者进行投资决策并进行投资行为的选择，本质上就是对未来不确定性收益和风险的选择，因此均值和方差作为研究数据的重要方法，用来刻画相关因素数据的变动。基于上述理论分析，本研究以股票收益率年度标准方差，即年度收益波动率来衡量投资者的投资风险，股票收益率年度标准方差与投资风险呈现正相关关系。

（4）控制变量的衡量。

控制变量由以下四个指标构成。

财务杠杆（Lev） 本研究使用上市公司前一年年底的资产负债率来反映企业的资产负债情况。一般来说，如果企业经营良好，借到的外债都必须按照约定归还给债权人，这一行为会对经营者获取自身私利的动机得到抑制。

---

[1] 王胜：《中小企业授信中的信用评级研究》，复旦大学硕士学位论文，2008。
[2] H. Markowitz, "Portfolio Selection," *The Journal of Finance* 1（1952），pp. 77 – 91.

财务杠杆指数高说明企业对负债融资这种方式更具有依赖性,而这对应的是企业融资效率难以提高。

企业规模（Size） 本研究使用企业上市前一年年底的总资产自然对数来认定企业规模。一般而言,企业拥有资产规模大的话,企业面临的信息不对称问题以及代理问题则会较小,企业就不大可能破产,所以企业融资所负担的成本则较低。此外,大公司在进行长期债务融资的时候,在还款约定上相对会更有弹性,这能够降低长期债务成本,规模大的企业对自身的融资效率会有提升作用。

固定资产比重（Fix Asset） 本研究使用企业固定资产占总资产的比重衡量企业固定资产情况。

成长能力（Growth） 本研究使用营业收入增长率观察企业的成长性。

（5）模型设计。

通过对现有文献的阅读,以股票收益率的年度标准方差作为投资者风险的替代变量,并以此为中介变量;以中小企业的信用评级为企业信用的替代变量,并以此为自变量;以融资成本率为融资效率的替代变量,并以此为因变量;以财务杠杆、企业规模、固定资产比重、成长能力为控制变量,根据张梦倩的回归模型[①]构建以下几个回归模型。

---

① 张梦倩：《股权集中度、投资者异质信念与投资风险－－基于中小企业上市公司经验数据》,安徽财经大学硕士学位论文,2019。

一是企业信用与融资效率。为了验证企业信用与融资效率之间的关系，本研究构建模型（1）：

$$Rzxl = \alpha_0 + \alpha_1 Credit + \alpha_2 Size + \alpha_3 Growth + \alpha_4 Lev + \alpha_5 Fix\,Asset + \varepsilon_1 \tag{1}$$

如果企业信用的回归系数为负，则说明企业信用对融资成本率有抑制作用，即企业信用对融资效率有促进作用；如果企业信用的回归系数为正，则说明企业信用对融资成本率有促进作用，即对融资效率有抑制作用。

二是企业信用与投资者风险。为了验证企业信用与投资者风险之间的关系，本研究构建模型（2）：

$$Risk = \beta_0 + \beta_1 Credit + \beta_2 Size + \beta_3 Growth + \beta_4 Lev + \beta_5 Fix\,Asset + \varepsilon_2 \tag{2}$$

如果企业信用的回归系数大于零，则说明企业信用与投资者风险呈正相关关系；如果企业信用的回归系数为负，则说明企业信用与投资者风险呈负相关关系。

三是投资者风险与融资效率。为了验证投资者风险与融资效率之间的关系，本研究构建模型（3）

$$Rzxl = \gamma_0 + \gamma_1 Risk + \gamma_2 Size + \gamma_3 Growth + \gamma_4 Lev + \gamma_5 Fix\,Asset + \varepsilon_3 \tag{3}$$

企业信用对中小企业融资效率的影响作用有一部分是通过投资者风险的高低而产生的，故而笔者称投资者风险为中介变量。为了验证中小企业信用、投资者风险和融资效率三者之间的关系，本研究采用中介效应模型进行具体研究。

四是企业信用、投资者风险与融资效率。将融资效率作为因变量，将企业信用作为自变量，验证投资者风险在企业信用影响融资效率过程中的中介作用，本研究构建模型（4）：

$$Rzxl = \delta_0 + \delta_1 Credit + \delta_2 Risk + \delta_3 Size + \delta_4 Growth + \delta_5 Lev +$$
$$\delta_6 Fix\ Asset + \varepsilon_4 \tag{4}$$

公式中 α、β、γ、δ 为自变量系数，ε 为误差项。根据前面的假设，这里预期系数 α_1 为负数，企业信用越高，融资成本率越低，融资效率就越高；预期 β_1 为负数，企业信用就低，则投资者风险就高；预期系数 γ_1 为正数，投资者风险则升高，就会增加企业的融资成本率，进而会降低企业的融资效率。

4. 描述性统计分析

从描述性统计结果来看，样本企业的融资效率最大值为 125.241，最小值为 0.0632，方差为 64.153，可见不同企业的融资效率存在一定的差距，说明不同企业的信用水平和市场竞争实力存在差异。从投资者风险指数来看，最大值为 1.000，最小值为 0.0120，这充分说明不同的企业对投资者风险重视程度存在较大的差异。从企业信用来看，最大值 273.860，最小值 10.017，方差达到 34.372（见表 5 - 4），充分说明各个企业的企业信用各不相同。

表 5 – 4　主要变量的描述性统计

变量	均值	标准差	最小值	25%分位数	中值	75%分位数	最大值	偏差	方差
融资效率	4.2286	9.7675	0.0632	0.7418	1.5041	3.7298	125.241	6.959	64.1530
企业信用	37.6430	25.4500	10.0170	26.3290	33.1050	41.1240	273.860	5.076	34.3720
投资者风险	0.3390	0.4735	0.0120	0.0000	0.2300	1.0000	1.000	0.680	-1.5380
企业规模	21.8360	0.8631	19.8670	21.2060	21.749	22.361	24.566	0.456	-0.0640
固定资产比率	0.2354	0.1377	0.0027	0.1327	0.2185	0.3230	0.671	0.587	-0.1053
成长能力	0.1838	0.3892	-0.4552	-0.0054	0.1237	0.2850	4.566	4.416	37.4360
财务杠杆	0.4206	0.1829	0.0577	0.2803	0.4091	0.5598	0.863	0.156	-0.7346

5. 相关性分析

影响融资效率的因素非常多，在选择控制变量的时候要注意变量之间是否存在共线性。因此，在进行多元回归之前，要对数据进行相关性分析，本文采用 Pearson 相关系数来检验变量之间是否存在共线关系，从而排除共线性对研究结果的影响。一般来说，两个变量的相关系数绝对值如果大于 0.75，就可以认为两者具有共线性。通过相关性分析可以看出，各变量的相关系数均低于 0.75（见表 5 – 5），这充分说明各变量之间不存在共线关系，不会对回归结果产生影响。

表 5 – 5　Pearson 相关性分析

变量	融资效率	企业信用	投资者风险	企业规模
融资效率	1.0000	—	—	—
企业信用	-0.0349*	1.0000	—	—
投资者风险	0.1583***	-0.2270***	1.0000	—

续表

变量	融资效率	企业信用	投资者风险	企业规模
企业规模	0.0083	− 0.0088	0.3675 ***	1.0000
固定资产比率	− 0.0719 ***	− 0.1252 ***	0.0449 **	− 0.0920 ***
成长能力	− 0.0482 **	0.1200 ***	0.0401 **	0.1728 ***
财务杠杆	0.1814 ***	− 0.3526 ***	0.6062 ***	0.4374 ***

注：* 、** 和 *** 分别表示显著性为 10% 、5% 和 1% 。

表 5 − 5 显示，企业信用与中小企业的融资成本率呈现显著的负相关关系，即企业信用越高，融资成本率越低，则融资效率就高，说明企业信用与融资效率呈正相关，这与假说 1 的结论相一致；投资者风险与融资成本率呈正相关，说明投资者风险与中小企业融资效率呈现出显著的负相关，这和假说 3 的结论相一致。为了更加深入探究研究假说，需要继续进行回归分析。

6. 回归结果分析

在对各变量进行描述性统计与相关性分析之后，为了更深入地验证研究假说，对其进行多元回归分析。本研究利用 OLS 最小二乘回归方法检测了企业信用、投资者风险与融资效率三者之间的关系（见表 5 − 6）。

表 5 − 6 二乘回归方法检测

变量		模型（1）	模型（2）	模型（3）	模型（4）
截距	回归系数	31.6657 ***	− 0.7148 ***	30.9146 ***	32.1376 ***
	t 值	4.77	− 3.92	4.57	4.76

续表

变量		模型（1）	模型（2）	模型（3）	模型（4）
企业信用	回归系数	− 0.0214 ***	− 0.0012 ***	—	− 0.0206 ***
	t 值	2.72	− 3.99	—	− 2.62
投资者风险	回归系数	—	—	0.8244 *	0.6602 *
	t 值	—	—	− 1.10	− 0.88
企业规模	回归系数	− 1.4475 ***	0.0051	− 1.3344 ***	− 1.4509 ***
	t 值	− 4.68	0.60	− 4.32	− 4.68
固定资产比重	回归系数	− 7.3229 ***	− 0.0210	− 7.5595 ***	− 7.3090 ***
	t 值	− 4.41	− 0.50	− 4.50	− 4.40
成长能力	回归系数	− 1.3391 **	− 0.0030	− 1.2092 **	− 1.3371 **
	t 值	− 2.47	− 0.19	− 2.24	− 2.47
财务杠杆	回归系数	3.8206 ***	2.1407 ***	10.8337 ***	8.4074 ***
	t 值	7.92	9.75	4.42	4.87
年份		是	是	是	是
拟合度		6.06%	6.43%	5.86%	6.09%
样本数量		896	896	896	896

注：*、** 和 *** 表示显著性分别为 10%、5% 和 1%。

在表 5-6 中，模型（1）检验了企业信用和中小企业融资效率之间的关系。企业信用与融资效率的回归结果显示，两者的相关回归系数是 − 0.0214，系数 t 值是 2.72，两者呈负相关，且在 1% 的水平上显著，这也证明了本研究的第 1 个假设，即企业信用越高，则融资成本率越低，进而融资效率越高。企业信用与融资效率呈显著的正相关关系。同时在控制变量方面，固定资产比重、成长能力和财务杠杆也与融资效率有显著的相关性。

模型（2）是为了检验企业信用与投资者风险之间的

关系，表5－6显示出相关回归系数是－0.0012，企业信用与投资者风险呈负相关关系，且在1%的水平上显著，该结果支持了假说2，即企业信用越低，投资者风险越高，二者呈负相关关系。从控制变量与被解释变量的回归结果可以得出企业的规模越大，融资过程中的成本越低，融资效率越高的结论。这主要在于企业规模越大，内部管理越好，对外披露信息越透明，融资就容易，因此不需要花费更多的成本。

模型（3）是为了检验投资者风险与融资效率之间的关系，表5－6显示融资效率与各解释变量的相关性情况。投资者风险的相关系数为0.8244，数据证实了投资者风险会提高融资成本。当投资风险增加时，投资者会减少投资或要求企业为自己所投入的资金做出更多的保证，所以企业会寻求其他的融资途径或者付出更多的保证金，这就会增加企业融资成本，因而提高了融资成本率进而降低了融资效率。表5－6显示投资者风险与融资成本率呈正向相关关系，即投资者风险与融资效率呈反向相关，且在10%的水平上显著，该结果支持了假说3。

模型（4）把投资者风险放在企业信用对中小企业融资效率影响的回归结果中来检验投资者风险对企业信用与融资效率的关系是否有中介作用。加入投资者风险后，企业信用对中小企业融资效率影响的回归系数由模型（1）的－0.0214上升至－0.0206，且在1%的水平上显著。由此可以看出企业信用对中小企业融资效率的影响至少有一部分是通过投资者风险实现的。

为了验证投资者风险是企业信用影响融资效率的部分中介变量，本研究采用温忠麟等的三步检验程序[①]，检验结果见表 5-7。

表 5-7　中介效应检验

路径	回归分析		回归系数	结果
第一步	企业信用	融资效率	α_1	显著
第二步	企业信用	投资者风险	β_1	显著
第三步	企业信用	融资效率	δ_1	显著，且 α_1 小于 δ_1，部分中介效应
	投资者风险			

表 5-7 显示，投资者风险是企业信用影响中小企业融资效率的部分中介变量，假说 4 得到了验证。

企业信用的提高，能够向市场上释放企业可信度较高、企业发布信息可靠的信号。会使投资者投资企业的信心加强，会更加放心、大胆地投入资金，还能吸引更多投资者将有限的资源投入企业支持其发展，进而降低融资成本，使融资效率得到提高。

7. 稳健性测试

为了增加研究结论的稳健性，本研究将进行稳健性测试。在以往的研究中，有学者用投资报酬率与资本成本率作为衡量融资效率的指标，本研究也以投资报酬率和资本成

---

① 温忠麟、张雷、侯杰泰、刘红云：《中介效应检验程序及其应用》，《心理学报》2004 年第 5 期。

率替代融资成本率进行回归分析，验证企业信用、投资者风险与中小企业融资效率三者之间的关系（见表5－8）。

表 5 - 8　稳健性回归分析

变量		模型（1）	模型（2）	模型（3）	模型（4）
截距	回归系数	28.773 ***	- 0.5134 ***	20.687 ***	23.9786 ***
	t 值	3.74	- 2.78	3.67	3.79
企业信用	回归系数	0.0214 ***	- 0.0132 ***	—	0.0316 ***
	t 值	2.68	- 4.36	—	2.74
投资者风险	回归系数	—	—	- 0.7856 *	- 0.5542 *
	t 值	—	—	- 1.34	- 0.78
企业规模	回归系数	- 1.3345 ***	0.0125	- 1.4345 ***	- 1.5467 ***
	t 值	- 4.43	0.36	- 3.45	- 3.37
固定资产比重	回归系数	- 6.3345 ***	- 0.0321	- 7.4352 ***	- 7.4235 ***
	t 值	- 4.42	- 0.45	- 4.34	- 4.34
成长能力	回归系数	- 1.3546 **	- 0.0023	- 1.2134 **	- 1.3423 **
	t 值	- 2.42	- 0.43)	- 2.43	- 2.43
财务杠杆	回归系数	1.3542 ***	2.0023 ***	6.7456 ***	5.4074 ***
	t 值	5.43	7.96	3.24	3.42
年份		是	是	是	是
吻合度		6.02%	6.34%	5.78%	6.21%
样本数量		896	896	896	896

注：*、** 和 *** 表示显著性分别为 10%、5% 和 1%。

四　实证研究结论

本部分研究以我国证券市场中中小板和创业板 2011 ~ 2017 年 128 家中小上市公司 896 个数据为样本，以信息不对称理论、信号传递理论、优序融资理论和有效市场假说等相关理论为前提，检验了投资者风险在企业信用对中小企业融资效率中的作用，并形成以下结论。

1. 中小企业自身信用的提高会提升企业的融资效率

近年来，我国中小企业数量持续增加，并不断规范自身的信用建设，这不仅仅满足了法律法规的强制性要求，更是为自身的持续发展做了充足的准备。信用的提升会给企业带来良好的声誉，使其融资时有更多的选择空间，可以降低融资成本，进而提升企业的融资效率。

2. 较高的信用等级有助于降低投资者的投资风险

投资者进行投资选择时，较低的风险对其投资来说至关重要。本研究的这一结论给投资者带来新的希望，是投资者了解降低投资风险的一个重要依据，企业信用的提升使信息披露更加真实有效，投资者能够安全放心地使用披露的信息，因此这一结论在降低投资者风险方面非常适用。

3. 投资者风险在企业信用对中小企业融资效率的影响中发挥了部分中介作用

企业信用一方面直接影响融资效率，另一方面还可以通过影响投资者的投资风险而最终影响中小企业的融资效率，这一结论在一定程度上解释了企业信用对企业融资效率产生影响的作用。

五　通过提高中小企业信用实现对接的路径

从新三板市场方面来看，全国的中小企业在挂牌数量上实现了迅猛增长，但由于企业自身存在的问题以及市场机制不规范等原因，融资问题仍然存在，需要充分发挥出企业、政府、投资者等多方面力量的支撑，以此促进中小企业健康快速发展。从综合评价角度分析，根据本章的研究结论，从提高企业信用、降低投资者风险以及从企业内外部提高中小企业融资效率提出了建议。一是提高中小企业信用；二是通过在投资过程前的防范、投资过程中的监管和投资后的应急措施降低投资者的投资风险；三是中小企业通过优化公司治理和国家配套政策措施来提高自身的融资效率。

1. 提高中小企业信用

（1）合理规划投入产出，优化公司治理。

中小企业的融资效率整体偏低，所以中小企业在资金利用之前要合理规划投入产出结构，企业要注重自己核心产品和服务，对产品的扩张要有计划，并做好充足的前期调研，不要盲目扩张。同时，要注意企业合理扩张规模，不要因为企业规模过大、层级冗杂、效率低下，使投入增加的倍数超过产出增加的倍数，规模报酬递减。要高效利用有限的资金，节省不必要的融资成本，在公司治理方面要注重融资资金的利用率，全面树立合理化利用资金的理念。

（2）完善中小企业会计信息披露制度。

2014 年，财政部修订了《企业会计准则》，该修订准则的发布及时指导了中小企业相关从业人员，规范了新业务的会计处理，完善我国中小企业会计信息披露的监管制度。相关监管机构应就中小企业会计信息披露形成统一标准，提高监管效率。在完善中小企业会计信息披露制度时，应联合不同监管机构和相关资深专业协会等组织，研究出新业务的处理办法和披露要求，注重理论的可操作性，使理论和实践相结合，高效可行地促进中小企业会计信息披露制度的发展。

（3）加强金融监管。

中小企业信用评级体系建立起来之后，要严格有效地执行，真正为国民经济服务，必须加强监管机构的监管与督促，否则该系统就会被束之高阁，仅仅成为理论上的一个研究，无法发挥它的实践价值。只有在相关监管机构的监督下，该系统才能有效并长期实施下去，并且在实践中创新改进。这才符合国家大力改革金融体制、发展金融市场、大力提高投资者水平的愿景。

2. 降低投资者的投资风险

（1）加强风险防范意识。

在中小企业融资过程中，可以适当地给投资人设置一定的准入门槛和数量限制，并设置投资人查看项目信息和认购的规则。中小企业可以根据投资人的特征、投资能力、投资经验、专业性、风险承受能力等特点为投资人定制合适的项目，提高项目信息透明度以便投资者查阅，降低项目曝光率，避免触碰"通过媒体、推介会、传单、手机短信等途径向社会公开宣传"这一法律限制，从而降低随意投资带来的风险。"法无明文规定不为罪"，在法律尚没有明确规定和明确禁止的情况下，中小企业可以筛选特定投资者适当变通和创新，但前提是不得以融资的名义进行欺诈，确保资金的安全性，防止踏入法律禁区。

投资者方面也要进行信用调查，主要分为个人信用调查（原始股东信用调查）和中小企业信用调查两个方面。融资项目方是以刚起步的中小企业为主，在央行的企业征信系统和个人信用系统里很难查到融资方民间借贷、企业经营情况、个人信用情况等数据。虽然缺乏央行的征信体系的信息，但随着金融科技的兴起，依托大数据技术和互联网技术的第三方征信机构应运而生，投资者可以进行全面的调查以便深入了解情况，进而进行高效安全的投资，在此情况下会降低投资者的投资风险。

（2）加强投资过程中对资金使用的监控。

目前，我国还没有明确的制度要求中小企业定期披露公司资金的使用和盈利情况。因此，投资者要想监督资金流向，比较可行的方式是投资者和中小企业共同在第三方银行设立公管账户，实时监管融资方资金投向，一旦发现融资方资金投向不明，或将资金用于企业生产运营之外的事项，例如投资理财产品，应及时制止。央行等十部委发布的《关于促进互联网金融健康发展的指导意见》中提出，鼓励银行为互联网金融机构提供资金存管、支付清算等配套服务。银行可以担任各种融资模式的资金存管与监管的重任，发挥其较丰富的风险管理经验和较强的风控能力的优势。借助银行背书，投资者与银行一起监管资金的调度，有利于融资走向规范化和阳光化，进而降低投资者的投资风险。

（3）做好风险补偿措施，保护投资人利益。

中小企业应该建立风险补偿基金，最大限度保护投资人利益。当中小企业有了完善的投资人利益保障机制时，就会吸引大量的投资者，提升中小企业的知名度，相应的交易规模也会迅速上升。因此，中小企业可以建立类似风险补偿的基金。风险补偿基金的资金来源不应当只由投资人出资。如果只由投资人出资，"资金池"里的资金额终究太少。中小企业可以从以下两个方面获取风险补偿基金的资金。一是由融资项目的项目方出资。对通过审核的项目，项目方若希望从中小企业筹集资金，借助中小企业的知名度宣传项目，则必须缴纳融资目标额一定比例的资金建立风险补偿基金。二是由投资人出资。如果投资人想要投资项目，也应缴纳投资额一定比例的资金来充实风险补偿基金。完善的风险补偿措施可以吸引更多的投资人，提高融资平台的活跃度，有利于项目方融得资金。这在一定程度上降低了投资者的投资风险。

第二节　通过提高执法效率、提升投资者保护水平

执法效率是解释一国金融发展规模的一个重要变量，执法效率低下就会制约金融市场的发展。特别是经济转轨

时期更要提高金融市场的投资者保护水平，增强投资者信心，除了具备完善的制度外，还要以较好的路径促进执法效率的提高。

为了维护投资者合法权益，围绕着证券监管和资本市场执法效率的提高来保护投资者的合法权益已经成为学术界一个十分热议的话题，在这方面的研究已经越来越多。而传统的监管体系多是围绕证券监管的经济效能进行的，并在研究中提出了公共利益论、"俘虏论"和监管经济学三个方面的理论体系。当前证券监管的主体思想认为，在当前资本市场信息不对称和契约体系不完备的情况下，证券监管是提高经济效益的手段，其执法效率的提高对保护投资者具有重要的促进作用。

一 相关理论与概念

通过有效的资本市场监管与控制，打击资本市场上的违法违规行为，是保护投资者的重要制度安排。在这方面的研究主要涉及的是法律治理、执法效率内涵、资本市场治理和投资者保护四个方面。

1. 理论分析概念界定

（1）执法效率。

市场违法违规行为，不仅损害市场运行效率，而且对利益相关者造成了严重侵害。为此，维护市场秩序和保护中小投资者权益，通过有效的监管打击市场违法违规行为，就成为市场中必要的制度安排。围绕如何进行市场监管以有效保护社会公众投资者合法权益这一主题，国内外学术界展开了积极的讨论。传统的市场监管理论主要是围绕市场监管的经济效能展开的，并形成了现代监管的三大理论，即公共利益论、"俘虏论"和监管经济学。其中，现代证券监管的主流观点认为，在市场不完全和契约不完备的条件下，证券监管可以增进经济效率，是优化资源配置或增加社会福利的必要手段。20 世纪 90 年代中后期兴起的法与金融理论为上述观点提供了佐证，该理论强调了法律对金融发展的重要作用。作为法与金融理论的代表人物，La Ports、Lopez-de-Silanes、Shleifer 和 Vishny（简称 LLSV）重点讨论了不同法系和市场制度对投资者保护的影响，认为一国的法律渊源对该国的投资者保护力度、私有财产保护强度和金融市场的发展都具有显著的解释作用。关于这一问题的近期研究表明，不仅要有完善的法律制度，而且还要关注法律执行效果。本研究中执法效率专指法律执行的有效性，即主体违法违规被通报批评或处罚后是否再次违法违规，用违规频率、违规数量次数进行测度。

（2）投资者保护。

中小投资者是我国证券市场历史发展过程中不可或缺的重要参与者，因此保护中小投资者的利益关系成为我国证券市场生存与发展的必要措施。当投资者向公司融资时，他们通常获得一些权利，这些权利一般通过规章制度和法律的执行来加以保护，其中的信息披露和会计准则为投资者提供行使其他权利的信息。所以，在法律上保护中小投资者利益一直是我国各类证券立法共同遵守的一项基本原则，其根本目标在于维持中小投资者的投资信心，实现股东价值最大化，增加资本积累，促进证券市场健康有序地发展，为国民经济增长做出贡献。

LLSV将投资者保护定义为：当投资者向公司融资时享受的通过法律规则和法律执行加以保护，包括按一定比例分红、投票选取董事、参加股东会议等权利。在我国，学界将投资者保护定义为：通过法律、行政、行业自律等各种手段对投资者利益采取保护性措施，以确保投资者能通过证券市场公平地获取信息和投资机会，降低投资风险，免受公司控股股东或内部人、证券欺诈行为、过度监管或不当监管可能带来的损害。根据该定义，本研究所指的投资者保护主要是针对中国证券市场投资者权益的法律保护和公司内部执行的效力。中小投资者权益主要包括合法地获得可能影响证券价格变化的各种信息的权利和平等地参与证券交易的权利两个方面。证券市场和其他市场一样，也存在信息不对称、外部性、市场垄断、公共产品和机会主义等市场失灵现象。与一般产品和劳务市场不同的是，投资者收益取决于未来某个时点上市公司的实际经营情况，证券市场上交易的产品具有特殊性，投资者用现在的付出交换将来的收益充满了不确定性，而信息的获取是减少这种不确定性的最主要渠道，因而信息问题是证券市场得以正常交易的核心问题，信息不对称是导致证券市场失灵的主要原因。

　　在证券市场上，中小投资者数目众多且分散，除自身的非理性外，在诸如信息不对称、内幕交易、证券欺诈、操纵市场以及证券市场失灵的机会主义行为中，他们都处于弱势。为了减少内幕交易、证券欺诈、操纵市场和垄断等行为，引导中小投资者理性投资，使证券市场上不同经营业绩上市公司的股票合理定价，使证券市场达到资源配置的最佳状态，进而促进金融业的发展是非常必要的。

　　保护证券市场投资者，实质是保护投资者的权益，证券市场投资者权益也就是股东权益。世界各国证券法律、法规对股东权利保护的具体内容不尽相同。总体来看，公司股东通常有如下几项相同权利。一是参加股东大会并在诸如兼并和重组等公司重要事件上行使投票权，二是获得有关公司经营完整、正确的信息，三是选举公司董事或起诉公司和董事的权利，四是有获得股利或分红的权利，五是其他一些诸如在新股优先认购权利等。股东的这些权利可归纳为剩余索取权和剩余控制权两项基本权利，这两项权利构成投资者权益的核心。投资者权益的法律保护就是上市公司股东能依法行使以上所述的各种权利，即法律对中小投资者上述各种权利的书面规定和投资者保护法律的执行效率。本研究主要从投资者保护法律的执行效率及公司治理层面两个方面着手测量投资者保护水平。

　　（3）企业融资效率。

　　从目前国内外相关研究来看，国外学者研究很少涉及中小企业融资效率，国外学者研究主要集中在市场资源配置效率对融资效率的影响。这可能与西方国家的产权制度、财产市场化和严格的预算约束有关。我国企业尤其是中小企业不具备西方企业的融资环境,普遍存在融资效率低下的现象。中小企业融资效率成为国内学者关注和研究的重点。然而国内学者对企业融资效率的概念和定义还没有形成统一意见。

我国对融资效率问题的研究始于 20 世纪 90 年代。曾康霖教授被公认为较早研究融资效率的学者之一,他于 1993 年提出融资效率一词。他对直接融资和间接融资进行比较,提出了采用什么形式的融资要着眼于融资的效率和成本,影响融资效率和成本的有七大因素,并首次提出了"融资效率"一词,但他研究的主题是直接融资和间接融资,所以并没有对融资效率给出明确的定义。[①] 宋文兵最早给出了"融资效率"一词的定义,他认为融资效率应该包含筹资效率和配置效率。筹资效率是指企业能够以较低的成本融入所需的资金,即企业的融资能力;配置效率表示企业能够有效地将融入的资金分配到能够创造最大价值的活动中去,即使用资金的能力。[②] 此外,卢福财、马亚军等也对"融资效率"一词进行了解释,其内容基本与宋文兵类似,即融资效率指配置效率,是指产出投入比,融入的资金发挥效用的程度,有没有向最能发挥效率的业务

---

① 曾康霖:《怎样看待直接融资与间接融资》,《四川金融》1993 年第 11 期。
② 宋文兵:《关于融资方式需要澄清的几个问题》,《金融研究》1998 年第 1 期。

集中。[①] 他们认为，企业融资效率是指融资能够创造企业价值，并从融资成本、资金利用率以及比较动态的角度进一步解释融资效率这一概念。并建立了一个新的融资框架，包括融资方式及融资效率、融资方式选择的动因及企业制度效率和资源配置效率。

企业融资效率是对企业融资过程中采用的融资工具融通资金质和量两方面效率状况进行分析，在一系列分析的基础上对企业的融资效率做出综合评价。融资效率从融资成本和筹集的资金能否得到最大价值运用两个方面考虑。一是企业的融资成本，就是企业采用哪一种资本结构方式筹集资本，其成本最低。这包括在一定市场约束条件下多种融资方式的选择问题，即以最低的成本及时、足额地筹集到所需的资金。二是企业筹集资金要发挥最大效应。企业利用一定的融资方式融通到的资金并不是企业融资过程的终点。企业融资效率与资金的使用率、所投资项目的效益直接相关，融资效率的高低要考虑融资主体使用资金的收益性或增值性。本研究认为融资效率应由两个方面组成，即融资成本率与投资需求配比度。融资成本率是取得融资所付出成本占筹集资金的比重，投资需求配比度是所筹资金与所需投资资金比例。融资成本率越低、投资需求配比度越高则说明融资效率高。

---

① 卢福财：《企业融资效率分析》，经济管理出版社，2001；马亚军、宋林：《企业融资效率及理论分析框架》，《财经科学》2004 年第 5 期。

2. 理论分析

（1）法与金融理论。

根据政府立法和执法在投资者保护过程中的作用，投资者保护理论可以分为契约论和法与金融理论两种形式。

法与金融理论的代表性文献始于 LLSV 在 1998 年对法与金融相结合的创造性研究，该理论认为：一套旨在保护投资者特别是中小投资者利益的法律制度和高效公正执法是一国证券市场健康发展的前提，法律法系的差别对各国投资者保护法的制定和实施等都产生了一定的影响，从而对金融市场的深化程度产生影响。法和金融理论的一系列论文，尤其是 LLSV 的"法和金融"一文被认为是法和金融理论的里程碑。法和金融理论主要强调法律对金融发展的作用，例如 LLSV 指出，一国的法律传统对该国的投资者保护力度、私有财产保护强度以及金融市场的发展都具有显著的解释作用。法和金融理论对从法律制度完善的角度看待资本市场有效性的演进有重要意义。市场的有效性是衡量资本市场成熟程度的一个重要标志，除了受到资本市场自身发展与技术革新的影响之外，法律制度的完善、投资者保护措施的增强都会对资本市场效率的动态演进产生影响。毕竟市场效率首要反映的是信息效率，如果法律制度健全完善，对内部交易、操纵股价等阻滞信息反映的行为能起到遏制作用，那么就更可能增进市场信息的有效性。

投资者保护的契约论是基于著名的科斯定理提出的。科斯定理是科斯于 1960 年提出，认为只要执行这些契约的成本为零,个人就不需要法律或可以找到规避法律而签订契约的方法。[①] 基于科斯定理契约论的基本观点是,只要契约是完整的,执行契约的司法体系是有效的,那么投资者只需与公司签订契约就可以达到保护自身利益的目的,法律并不重要,因此政府只需保证契约的顺利执行即可。

契约论和法与金融理论分别从不同的角度对投资者保护机制进行了分析,两种理论适用性各不相同。笔者认为,就我国当前实际而言,采用法与金融理论更加适宜,这主要出于两个方面的考虑。一方面契约具有不完备性。契约论隐含的一个假设是投资者有完备的信息,可制定完备的契约。但在现实生活中,由于信息具有不对称性和不确定性,投资者可能没有足够的信息去制定完备的契约。从我国现实情况看,投资者正是由于无法及时获取上市公司控股股东或管理层行为的信息,从而使其权益受到侵犯,这必将导致契约的欠缺,因此摒弃法律仅靠完备的契约保护中小投资者的利益在我国是行不通的。另一方面,我国缺乏高效的司法体系。即使存在完备的契约,而根据契约论在现实中必须有一个高效的司法体系能够保证其产权和契约的执行,这就产生了矛盾,即契约的有效执行必须以完备法律体系建设为前提,因而契约论在一定程度上是以法律论为基础的,如果没有法律的保障,契约是难以执行的。

如果没有法律对诸如内幕交易、证券欺诈为和市场操

---

① 载约瑟夫·费尔德、李政军《科斯定理1-2-3》,《经济社会体制比较》2002年第5期。

纵等恶意行为进行约束和制止，仅靠签订契约是无法保护公众投资者利益的。不仅如此，还必须制定一个完整监管框架和设立强有力的监管机构来制定相关规则和进行执法。法律规则和执法是契约签订和执行的基础。因此，笔者认为在法律论基础上发展起来的法与金融理论，可以指导我国投资者保护的法律体系建设，进而对中小企业融资效率起到促进作用。这在我国当前公众投资者利益保护不力、证券市场不健全、不完善的情况下，具有更重要的理论和现实意义。

（2）法律论。

法律论的观点认为，对投资者保护问题是法律不容忽视的重要因素。这一理论学派以 LLSV 为代表，他们从法律的角度对中小投资者保护这一问题进行研究。他们认为，法律是影响投资者保护水平的重要因素，不同国家投资者保护水平的不同，在很大程度上是因为法律体系存在差异。通过法律的完善可以在很大程度上加强对大股东的监督，从而使中小投资者的保护水平得到提升，进而增强中小投资者的信心。此外，也会加强公司的融资能力和经营效率，使投资者获得更多收益。法律赋予了中小投资者选举董事和分享资产收益等权利，这些权利的执行将直接影响中小投资者保护水平的提高，如果法律对中小投资者的保护力度不够，势必会造成中小投资者利益受损，进而上市公司将会减少潜在投资者，相应的融资成本也会提高，这对上市公司以及证券市场发展来说都是不利的。

从法律论的观点看来，对投资者进行保护，法律是至关重要的。可以将法律看作对投资者保护水平产生影响中最重要的一个因素。法律赋予中小投资者许多权利，例如董事的选取权、资产收益的分享权。而行使这些权利对中小投资者保护水平会产生直接影响。投资者对法律需求是急切的，法律如果不能保护中小投资者的合理需求，就会损害中小投资者的利益，使上市公司流失潜在投资者，进而也就提高了融资成本，这就会给上市公司在证券市场上的发展带来影响。

（3）法律渊源决定论。

法律渊源决定论认为，法律和资本市场的发展必然存在一定的关系，其是以外部投资者保护与金融的关系为切入点，也就是说利用内部管理层和拥有控股权的股东会根据一些内幕消息进行操作控制价格，进而损害一些小股东和债权人利益，而法律制度却恰恰可以抑制这种行为的发生，所以它会对外部投资者产生极其重要保护作用。由于各国法律体系对产权的重视和保护程度存在差异，而这种差异能够用各国法源的最根本的差异来解释说明，这些法律的执行效率是由移植而来的法律与其所在国家文化环境的适应性来决定的。这些因素都会对投资者保护程度造成影响，从而对人们购买证券和参与金融市场的信心产生影响。目前，我国在解决中小企业融资难等方面能力不足，这表现在法律依据和程序上的不足，所以要想解决问题，必然从司法机构执行任务的能力以及提高法律保护意识，宣传法律知识等方面入手，以行动弥补缺陷。

（4）信息不对称理论。

信息不对称理论由 Greenwald、Stigliz 和 Weiss 提出，他们认为，企业面临的融资约束程度与信息不对称的程度呈正相关。信息不对称是指在市场经济运行过程中，参与市场活动的各市场经济主体在信息掌握程度上存在差异。[①]掌握信息更丰富的市场主体在商业活动中占有优势地位，能够通过向信息欠缺的市场主体传递可靠信息而获益。信息不对称理论突出信息对市场经济的作用，揭示了市场体系中存在的固有缺陷，完全依赖自由市场机制未必会给经济带来最优结果，尤其在投资、就业、环境保护和社会福利等方面。此外，该理论还指出政府在保证经济平稳运行中的重要作用，认为政府应该加强对经济运行的监督力度，降低信息不对称对市场产生的负面影响。

在古典经济学的理论框架下，市场每个参与主体所拥有的信息均为市场上所具有的全部信息，因而决策是在完全确定的条件下，在效用最大化的前提下做出的最优决策。在古典经济学假设中，拥有完全信息的理性人，能够做出理性的决策。然而在实际生活中，完全信息市场是不可能存在的，市场的参与主体不可能百分之百地获取完整的市场信息。在企业融资过程中，信息不对称理论最明显地体现在：银行等金融机构及其他投资者很难获取企业的

[①] Greonwald, Seigliz, Weiss, "Informational Imperfections and Macro-economic Fluctuations," *American Economic Review* 74 (1984).

信息，中小企业尤其如此。参与者之间的信息不对称往往是常态，这就导致信息拥有方能够利用信息不对称的优势获利，而信息掌握相对匮乏的参与者信息搜寻成本较高，他们利益因此受到损害。在现实中很难掌握准确的企业信息，最终导致投资者信心不足，企业融资能力减弱。

二　实证研究设计

本部分主要是在阅读大量文献和相关理论的基础上提出相关研究假设。对执法效率、投资者保护水平以及中小企业融资效率的测量指标的选取和构建进行阐述，构建模型，并对数据来源以及数据的处理做出说明。

1. 理论分析与研究假设

（1）投资者保护水平与中小企业融资效率之间的关系。

根据信息不对称理论，投资者与金融机构之间所获得信息的不对称，将会导致投资者高估投资风险、低估投资收益，投资者在进行投资时必然会有所保留，并且会要求企业提供更多的担保以此来保证自己的利益。这种情形的出现必然会导致企业融资过程困难、融资成本增加，致使融资效率低下。这将会成为中小企业融资的绊脚石。王建中、张莉认为，法律会给外部投资者提供一定的保护，法律制度会在一定程度上限制大股东和企业管理者的行为，使其规范行为。[①] 这将在很大程度上保护中小投资者的利

---

① 王建中、张莉：《投资者法律保护与公司融资的配置效率》，《南京审计学院院报》2008 年第 4 期。

益，当然这也会给潜在投资者一定的信心使其愿意提供资金，也给股票市场规模的不断壮大提供了一定的机会和帮助。有关投资者保护的法律法规可以对企业的权利做出规定，对投资者的投资行为予以保护，并对投资者的投资意愿产生影响，企业的资本配置效率以及融资能力也会受到投资者保护水平的影响。因此提出假说5。

假说5：投资者保护水平与中小企业融资效率呈正相关关系。

（2）执法效率与中小企业融资效率之间的关系。

保护投资者需要完善的法律制度提供帮助与支持。LLSV通过研究发现，法律对投资者的保护水平不但受法律制度的影响，同时也受执法效率的影响。有学者从司法效率入手进行研究，Laeven 和 Majnoni 的研究结果显示，把通货膨胀因素排除在外，导致国家间利率不同的原因是司法执行效率。[1] 综上所述，提出假说6。

假说6：执法效率与中小企业融资效率呈正相关关系。

（3）执法效率与投资者保护水平之间的关系。

法与金融理论始于LLSV在1998年对法与金融相结合的创造性的研究，此理论认为，法律法系的差别对各国投资者保护法的制定以及实施等都产生了一定的影响，从而对金融市场的深化程度产生影响。法律论认为，改善投资者保护机制，就应该建立起保护投资者权利的法律与政

---

[1] Laeven L., Majnoni G., "Does Judicial Efficiency Lower the Cost of Credit?" *Journal of Banking & Finance* 7 (2005).

策，这一切以法律为前提。以此对政策和司法的公平公
正提供了保证，以确保法律制度的正确实施；在执法层
面上，需要有效的证券监管制度的建立与证券监管水平
的不断提高。在法律实施效力良好的体系下，会给投资
者保护情形带来改善，会进一步使融资资本成本得到降
低，进而使公司价值得到提高。但是，投资者保护水平
在受法律影响的同时也随执法效率的不同而有所改变，
管制制度尤为突出。中国资本市场明显存在监管机构、
监管质量与效率低下和威慑力不够的缺点。执法效率是
证券监管质量的重要指标和体现，有效的证券监管能促
进对投资者的保护，然而失效的证券监管则会以投资者
利益的损失为代价。法律必然具有一定效力，然而它的
执行效率即执法效率是最为重要的。执法效率的提高必
然会促进社会进步、经济发展和资本市场的繁荣，增强
人们对投资的热情、对企业的信任。陈国进、赵向琴、
林辉认为，加强对上市公司违反法律、破坏制度的处罚，
震慑企业内部人员、规范其行为，以此使中小投资者的
利益保护得到提高，使投资者信心增强、公司价值得到
提高、股权筹资成本降低，促进证券市场的发展和经济
增长。[①] 因此提出假说7。

假说7：执法效率越高，投资者保护水平越高，二者
呈正相关关系。

---

① 陈国进、赵向琴、林辉：《上市公司违法违规处罚和投资者利益保护效
果》，《财经研究》2005年第8期。

（4）执法效率、投资者保护水平与中小企业融资效率之间的关系。

执法效率可以通过影响执法质量对中小企业融资效率产生影响，而执法效率对中小企业融资效率产生作用存在一个过程。多项研究结果表明，执法效率可以通过某些中间机制对中小企业融资效率产生影响。执法效率会对投资者保护水平产生影响，而投资者保护水平又会影响中小企业融资效率，由此可以看出，执法效率可以通过影响对投资者的保护水平间接作用于中小企业的融资效率。因此，提出假说8。

假说8：执法效率能够通过投资者保护水平影响中小企业融资效率。

2. 样本选择及数据来源

本研究以2011～2016年中小板上市公司的数据为样本，为了保证实证研究的可行性及有效性，笔者对这些样本企业按照条件进行筛选。对数据缺失的进行剔除，可以避免数据不全面而对研究结论造成的影响。

通过筛选，本研究对2011～2016年的435家中小板上市企业的数据进行研究与分析。有关样本研究数据的获得，主要来自CSMAR数据库。经过数据筛选和进行1%的Winsor数据处理后，共得到2597条数据参与实证研究。对数据处理主要采用的软件是SAS Enterprise Guide 6.1。

3. 研究变量设计

（1）指标选取（见表 5-9）。

表 5-9　变量定义

变量类型	变量名称	变量代码	变量描述
被解释变量	融资效率	Rzxl	50%融资成本率＋50%投资需求配比度
解释变量	执法效率	Je	用执法威慑性进行测量，即违规频率、违规次数
中介变量	投资者保护水平	Protect	见投资者保护指数构成说明
控制变量	固定资产比重	Fix Asset	固定资产占总资产比重
	总资产周转率	sales	销售收入/总资产
	财务杠杆	Lev	资产负债率
	企业规模	size	企业总资产的自然对数

固定资产比重　固定资产比率是指固定资产与资产总额之比。不同行业的固定资产比重存在较大差异，但固定资产比率越低，企业资产流动得越快，从资金营运能力来看，固定资产比率越低，企业营运能力越强。

总资产周转率　总资产周转率是销售收入与总资产的比率，总资产周转率表明每一元总资产支持的销售收入，即每一元钱赚了多少钱。总资产周转越快，资产赚钱效率越高。

财务杠杆　财务杠杆是企业总负债和总资产的比率。这一指标反映了企业资产中债务所占的比重，体现了债权人向企业提供信贷资金的风险程度，财务杠杆越大说明企业发生财务风险的可能性越高，也反映企业资本结构不合理，资金不充足，企业进行再融资相对困难。

企业规模 用总资产的自然对数表示。资产总额指企业拥有或控制的全部资产,是公司过去的交易事项所形成的并由企业拥有或控制的资源,包括流动资产和非流动资产。总资产不但反映了企业掌控的资金多少,其中有部分资产是通过融资得到的,所以总资产也在一定方面代表了企业融资情况。企业融资规模越大,资产总额越大,企业规模也就越大。

融资效率 在研究对中小企业融资效率以50%的融资成本率与50%的投资需求配比度之和进行测量,融资成本率即融资成本与筹集资金之比;投资需求配比度是筹集到的资金与所需投资资金的比例,可以更准确地反映中小企业融资效率。

执法效率 本研究执法效率用执法威慑性进行测量,即违规频率、违规次数。违规次数的减少,伴随着执法效率的提高、投资者保护的水平的提高。

(2)投资者保护指标设计。

LLSV的投资者保护指标主要用于国别或法系差异的研究。例如在美国,法律完善、资本市场发达且市场化程度高,上市公司在股东权利保护的具体做法上有比较大的自主权;美国各州的公司法存在差异,从而以"G指数"可以反映不同公司对投资者保护的差异。但对于像中国这样的发展中国家来说,实行的是成文法,证券市场管制程度较高,政策对证券市场有很大影响。证券管理部门在证券市场发展中,制定了统一的法律法规,上市公司的章程、内部治理规则和内控制度严格遵守管理部门的统一规定，不同公司在投资者保护条款和做法上非常类同。Johnson 等的研究表明，转轨国家规范股票市场的法律是从成熟市场经济国家移植而来的，但自愿遵守法律规范的传统尚未形成，法律的有效实施比书面法律的质量对股票市场发展的影响更大。[1] 因此，对国内上市公司投资者保护程度的衡量就很难采用类似于已有文献的方法。

沈艺峰等借鉴 LLSV 的方法，对我国不同阶段出台的有关中小投资者保护的法律法规条款进行了评价[2]，可以较好地衡量我国各阶段投资者保护的情况，但这种方法不能评价同一时期不同微观主体的差异。对于国内投资者保护的研究，应更加关注同一时期内，不同公司之间投资者保护的差异与其他公司金融问题之间的关系。曾昭灶等为了衡量国内同一时期不同公司之间投资者保护的差异，从"事后"的投资者保护效果出发，从不同维度寻求衡量投资者保护的指标，其主要目的是研究投资者保护和控制权转移之间的关系。[3] 本研究的主要目的是了解执法效率、投资者保护水平和中小企业融资效率之间的关系，即需要考察同一时期内不同公司投资者保护水平的差异，因此拟

[1] Kathleen W. Johnson, "The Transactions Demand for Credit Cards," *Journal of Economic Analysis & Policy* 1 (2011).

[2] 沈艺峰、许年行、杨熠：《我国中小投资者法律保护历史实践的实证检验》，《经济研究》2004 年第 9 期。

[3] 曾昭灶、李善民、陈玉罡：《我国控制权转移与投资者保护关系的实证研究》，《管理学报》2012 年第 7 期。

采用类似于曾昭灶等的方法。笔者对国内证券法、公司法以及证券投资方面的法律法规进行考察发现，这些法律法规关注的证券市场投资者保护问题主要包括股东权利（如投票权、提案权、分红、董事选举权等），对股东、董事、管理层的职责（如关联交易、内幕交易）限制等，信息披露（如虚假信息披露、误导、欺诈）的规范，等等。本研究拟寻找上市公司在这些方面"实践"或"表现"的差异，衡量其在投资者保护上的差异。公司内部治理制度也有助于投资者保护，如建立独立董事制度就有利于加强关联交易的审核，合理的董事或者管理人员的薪酬激励机制有利于使他们与公司股东利益一致，因此本研究还要考虑内部治理机制对投资者的保护作用。

本研究借鉴曾昭灶等的衡量方法，根据法律法规和投资者保护再加上内部治理机制，形成三个方面的指标变量，具体包括股东权利、潜在侵占和内部治理。对于投资者保护水平测量指标的构建，投资者保护指数构成说明定义见表 5−10。

表 5−10 投资者保护指标设计

变量名称		变量符号	衡量指标	分值	赋值方法
股东权利（20）	股东大会出席率	A	$\dfrac{\text{股东大会出席比例}-\text{第一大股东持股}}{\text{第一大股东持股比例}}$	10	每 0.1 为 1 分，共 10 分
	股息支付率	B	当年现金股息占净利润比例	10	每 0.1 为 1 分，共 10 分

续表

变量名称		变量符号	衡量指标	分值	赋值方法
潜在侵占(20)	资金占用	C	净借出所占总资产的比例	10	小于 0 为 10 分,每增加 0.1 则减去 1 分,最低为 0 分
	关联交易	D	$\dfrac{关联购买额 + 关联出售额}{主营业务收入 \times 2}$	10	0 为 10 分,每增加 0.1 则减去 1 分,最低为 0 分
内部治理(20)	独立董事比例	E	董事会中独立董事所占比例	10	每 0.1 为 1 分,最高分为 10
	总经理董事长兼任	F	董事长是否兼任总经理	10	兼任为 0,非兼任为 10
投资者保护指数		Protect		60	以上各项目得分加总

4. 模型设计

为了验证执法效率与中小企业融资效率之间的关系,本研究构建模型(1):

$$\text{Rzxl} = \alpha_0 + \alpha_1 \text{Je} + \alpha_2 \text{Lev} + \alpha_3 \text{Size} + \alpha_4 \text{Sales} +$$
$$\alpha_5 \text{Fix Asset} + \alpha_6 \sum \text{Year} + \varepsilon_1 \tag{1}$$

为了验证执法效率与投资者保护水平之间的关系,本研究构建了模型(2):

$$\text{Protect} = \beta_0 + \beta_1 \text{Je} + \beta_2 \text{Lev} + \beta_3 \text{Size} + \beta_4 \text{Sales} +$$
$$\beta_5 \text{Fix Asset} + \beta_6 \sum \text{Year} + \varepsilon_2 \tag{2}$$

为了验证投资者保护水平与中小企业融资效率之间的关系,本研究构建了模型(3):

$$Protect = \delta_0 + \delta_1 Protect + \delta_2 Lep + \delta_3 Size + \delta_4 Sales +$$

$$\delta_5 Fix\ Asset + \delta_6 \sum Year + \varepsilon_4 \tag{3}$$

将中小企业融资效率作为因变量，将执法效率作为自变量，验证投资者保护水平在执法效率影响中小企业融资效率过程中的中介作用，本研究构建了模型（4）：

$$Rzxl = \gamma_0 + \gamma_1 Je + \gamma_2 Protect + \gamma_3 Lep + \gamma_4 Size + \gamma_5 Sales +$$

$$\gamma_6 Fix\ Asset + \gamma_7 \sum Year + \varepsilon_3 \tag{4}$$

其中 α、β、γ、δ 为自变量系数，ε 为误差项。

三 实证分析

本部分主要是对前文提出的理论假设进行检验，运用数据对执法效率、投资者保护水平同中小企业融资效率之间的关系进行实证分析，准确认知它们之间的关系。

1. 描述性统计

本研究对 Winsor 处理之后的数据进行了描述性统计分析。从表 5 – 11 中可以看出各个变量的 mean（均值）、std（方差）、min（最小值）、q1（25% 分位数）、median（中位数）、q3（75% 分位数）、max（最大值）、skew（离散程度）。

从有关执法效率的一些相关数据看，其中执法效率的最高值为 4.00，最低值为 0，方差为 0.647，从中可以看出不同企业之间执法效率威慑性存在一定差异。从投资者保护水平指数来看，其最高值是 56.58，最低值是 20.5459，方差是 7.399，这充分说明对投资者保护水平的重视程度在各个企业间存在较大的差异。就中小企业融资效率而言，最高值为 4917.96，最低值为 0.0358，方差竟然达到325.551，从这些数据中可以看出中小企业融资效率在不同企业之间存在较大的差异（见表 5 - 11）。

表 5 - 11　描述性统计结果

变量	均值	方差	最低值	25%分位数	中位数	75%分位数	最高值	离散程度	离散度
企业规模	21.7228	0.891	19.7318	21.0890	21.6356	22.256	24.69	0.5348	0.161
固定资产比率	0.2106	0.141	0.0011	0.0965	0.1874	0.3049	0.67	0.6712	-0.067
财务杠杆	0.3972	0.193	0.0283	0.2428	0.3845	0.5387	0.86	0.2448	-0.744
总资产周转率	0.6225	0.406	0.0205	0.3545	0.5349	0.7723	2.96	1.9838	5.915
执法效率	0.2830	0.647	0	0	0	0	4.00	2.6094	7.044
投资者保护水平	41.2725	7.399	20.5259	36.2650	41.5931	46.794	56.58	-0.2408	-0.449
中小企业融资效率	68.8128	325.551	0.0358	1.0763	3.2316	15.400	4917.96	9.5305	113.726

2. 相关性分析

在对变量进行回归分析之前，本研究采用了 Pearson 相关系数来检验变量间是否存在多重共线的关系，从而排除它对研究结果的影响；与此同时又对其做了相关性检验，这可以对各变量间的关系有一个初步的认识。从表 5 - 12 中可以看出，各变量间的相关系数均低于 0.5，这充分说明各变量之间存在较弱的关联关系，多重共线性存在的可能性极小，从相关系数中可以初步判断变量之间的关系。同时也可以明确看到，投资者保护水平与中小企业的融资效率呈现显明的正相关关系，这与假说的结论相一致；执法效率与中小企业融资效率也呈现出显著的正相关关系，这和假说6的结论相一致；违规次数与投资者保护水平呈现出负相关关系，即执法效率与投资者保护水平是正相关关系，但是并不显著，这与假说7的结论一致。为了更加深入探究研究假说，本研究需要再进行回归分析。

表 5 - 12　相关性分析

变量	企业规模	固定资产比率	财务杠杆	总资产周转率	执法效率	投资者保护水平	中小企业融资效率
企业规模	1	—	—	—	—	—	—
固定资产比率	- 0.0591***	1	—	—	—	—	—
财务杠杆	0.4432***	0.0645***	1	—	—	—	—
总资产周转率	0.0183	0.0671***	0.1605***	1	—	—	—
执法效率	- 0.0431**	0.0449**	0.1397***	0.0179	1	—	—
投资者保护水平	- 0.0013	0.0956***	- 0.0475r**	0.0730***	- 0.0264	1	—
中小企业融资效率	- 0.0570***	0.0940***	0.0688***	0.0672***	0.0830***	0.0634***	1

注：*、**、*** 表示显著水平分别为 10%、5%、1%。

3. 回归分析

对各变量进行了描述性统计与相关性分析之后，为了更深入地验证研究假说，笔者对其进行多元回归分析，其回归结果见表 5 - 13。

表 5-13 模型回归分析结果

变量		模型（1）	模型（2）	模型（3）	模型（4）
企业规模	回归系数	-36.6825***	0.7960***	-32.8282***	-34.8886***
	t 值	-3.16	3.84	-2.95	-3.10
固定资产比率	回归系数	149.5385***	5.4692***	157.9586***	144.3397***
	t 值	3.29	5.24	3.35	3.14
财务杠杆	回归系数	174.1546***	-3.7773***	145.7663***	155.3660***
	t 值	5.22	-4.18	4.28	4.58
总资产周转率	回归系数	30.9276*	1.2555***	34.9014*	31.7316*
	t 值	1.71	-3.45	1.91	1.76
执法效率	回归系数	—	-0.3853	30.4346**	31.4240**
	t 值	—	-1.49	1.98	2.03
投资者保护水平	回归系数	2.4250***	—	—	2.5171***
	t 值	2.91	—	—	2.96
年份		YES	YES	YES	YES
吻合度	调整前	3.23%	3.91%	3.30%	3.61%
	调整后	2.86%	3.54%	2.92%	3.20%
样本数		2597	2597	2597	2597

注：*、**、*** 表示显著水平分别为 10%、5%、1%。

回归结果显示：在自变量的基础上控制了企业规模、财务杠杆、营业收入、固定资产净额和年份变量。

从模型（1）回归结果中可以看出，投资者保护水平和中小企业融资效率的相关回归系数是 2.4250，t 值是 2.91，并且其在 1% 的水平上显著，该回归结果验证了假说 5 的结论。

模型（2）分析执法效率和投资者保护水平之间的关系，由回归结果可以发现其相关的回归系数值为 -0.3853，t

值为 -1.49，验证了假说 7，即执法效率越高，投资者保护水平越高，二者呈正相关关系。

从模型（3）的回归结果可以看出，执法效率与中小企业融资效率的相关回归系数为 30.4346，t 值为 1.98，且在 5% 的水平上显著，该结果验证了假说 6 的结论，即执法效率与中小企业融资效率呈正相关关系。

模型（4）把投资者保护水平放在了执法效率对中小企业融资效率影响的回归结果中，从回归结果可以看出，加入投资者保护水平后，执法效率对中小企业融资效率影响的回归系数由 30.4346 上升至 31.4240，在 5% 的水平上显著。由此可以得出投资者保护水平在执法效率和中小企业融资效率的关系中有部分中介效应。

由表 5 - 14 可以看出，在加入控制变量前执法效率对投资者保护水平的相关回归系数为 - 0.4824，t 值为 -1.86，并且在 10% 的水平上显著；在加入控制变量后其显著性变弱，回归系数由 - 0.4824 提高为 - 0.3853，而其结果也变得不再显著。由放入控制变量前后的结果可以看出，在众多影响因素当中执法效率对投资者保护水平的影响相对较弱，但执法效率对投资者保护水平存在正相关影响。

表 5 -14 执法效率与投资者保护水平

变量		加入控制变量前	加入控制变量后
截距	回归系数	39.6457***	21.6268***
	t 值	108.42	4.80

变量		加入控制变量前	加入控制变量后
企业规模	回归系数	—	0.7960 ***
	t 值	—	3.84
固定资产比率	回归系数	—	5.4692 ***
	t 值	—	5.24
财务杠杆	回归系数	—	− 3.7773 ***
	t 值	—	− 4.18
总资产周转率	回归系数	—	1.2555 ***
	t 值	—	3.45
执法效率	回归系数	− 0.4824 *	− 0.3853
	t 值	− 1.86	− 1.49
年份		是	是
吻合度	调整前	1.79%	3.91%
	调整后	1.57%	3.54%
样本数		2597	2597

注：*、**、*** 表示显著水平分别为 10%、5%、1%。

4. 稳健型检验

为了增强结论的可靠性，本研究还对上述实证结果进行了如下的稳健性测试。

利用 GMM 方法代替 OLS 最小二乘回归方法检测了执法效率、投资者保护水平与融资效率三者之间的关系是否具有稳健性。

表 5 - 15 给出了变更检验方法的稳健性测试结果。结果显示执法效率对融资效率有正向影响，且在 5% 的水平上显著；投资者保护水平与融资效率呈正相关关系，且在

1%的水平上显著；投资者保护水平在执法效率对融资效率的影响关系中有部分中介效应。在变换检验方法后得出的结果具有稳健性。

表 5-15　稳健性检验

变量		模型（1）	模型（2）	模型（3）	模型（4）
截距	回归系数	677.5425***	641.6822***	627.5306**	588.4421**
	t 值	2.74	2.66	2.57	2.48
企业规模	回归系数	-34.6342***	-32.8282***	-36.6825***	-34.8886***
	t 值	-3.01	-2.93	-3.14	-3.07
固定资产比率	回归系数	162.5907***	157.9586***	149.5385***	144.3397^***
	t 值	3.49	3.36	3.32	3.18
财务杠杆	回归系数	164.2836***	145.7663***	174.1546***	155.3660***
	t 值	4.87	4.18	5.12	4.45
总资产周转率	回归系数	34.0290*	34.9014**	30.9276*	31.7316*
	t 值	1.94	1.99	1.78	1.83
执法效率	回归系数	—	30.4346**	—	31.4240**
	t 值	—	1.97	—	2.02
投资者保护水平	回归系数	—	—	2.4250***	2.5171***
	t 值	—	—	2.95	2.99
年份		YES	YES	YES	YES
调整后吻合度		2.61%	2.92%	2.86%	3.20%
样本数		2604	2604	2597	2597

注：*、**、***表示显著水平分别为10%、5%、1%。

四　研究结论及实现路径

对研究结果进行总结并对提高中小企业融资效率提出

切实可行的建议，如增大执法力量、加快执法机构建设，加强有关人员法律学习，提高相关人员自身的素养，加大执法力度、宣扬力度，普及和提高人们对法律的认知等。为提高中小企业融资效率提供新的路径与方法。

1. 研究结论

本研究对投资者保护水平和中小企业融资效率、执法效率和投资者保护水平以及法律、投资者保护水平与融资效率的相关文献进行了整理总结，并且分析它们之间的关系。通过对435家中小企业上市公司2011～2016年数据的实证分析，主要得出以下结论：执法效率的提高伴随投资者保护水平的提高，投资者保护水平越高，越能够向市场释放企业可信度较高、企业发布信息可信的信号。会使投资者对被投资企业的信心加强，会更加放心、大胆地投入资金，还能吸引更多投资者将有限的资源投入企业支持其发展，进而降低融资成本，使融资效率得到提高。所以国家在出台各种法律的同时应加强法律的执行，注意执法的威慑性、执行的时效性，给予投资者更多的安全。

2. 实现路径

（1）提高执法效率。

第一，加大执法力度，保证执法质量，提高执法效率。

目前，我国的投资者立法水平虽然比较高，但执法效率较低，无法保护投资者权益。保护投资者利益的法律执行质量与其内容的完善同等重要。如果相关法律没有对保护投资者利益做出有效规定时，对法律予以严格、有效地执行可以弥补法律内容上的薄弱。但是，如果法律的执行质量较差，即使保护投资者的法律内容完善，其保护投资者的预期目标实现也会打折扣。在执法工作进行过程中不但要求效率，还要有一定的质量，对企业行为规范调整，对错误改正以及执法到位等都有所要求，严格遵守"执法必严、违法必究"的八字方针。在当前的实际工作进程中，存在执法效率不足、执行能力不够、执行法律阻碍大等一些困难和不足。对此，本研究提出了建议，一是应该加强执法力量，加快执法机构建设；二是加强有关人员的法律学习，提高相关人员的自身素养；三是加大执法力度和宣传力度，普及和提高人们对法律的认知；四是加强执法管理，完善执法机制，学习其他国家的先进执法经验，去其糟粕、取其精华，并有效推广；五是坚持严格、公正、文明执法的方针政策，大幅度提升违法失信成本，坚决查处重案要案。

第二，培养投资者法制观念。

要强化法律意识，提高执法效率，加强投资者权利的法律保护。这不仅意味要重视法律条文对投资者权利的保护，更为重要的是真正提高执法效率。我国证券市场的立法可以通过移植和学习，学习英美等发达国家的先进立法规则，证券立法的最基本功能在于产生信任作用和对证券市场违法违规者起到威慑作用，尤其是信任作用是金融市场得以健康发展的根本保障。金融机构在资金供给和需求者之间实现资金融通，这种耦合功能发挥的前提在于贷款双方对金融中介机构的信任。相反，如果法律精神无法被人们真正理解，或者法律得不到有关部门的尊重和执行，投资者保护的目的将无法实现，进而影响到中小投资者参与市场的意愿和信心。改革开放后，中国在证券市场法治化的宣传和弘扬方面取得了很大进展，但仍需通过培养民众的法制观念使法律成为人们心目中的权威，从而起到有效威慑和遏制证券违法行为的作用，提高执法效率。

（2）提高投资者保护者水平。

第一，优化内部管理。

企业治理结构关系企业整体管理水平，不仅影响投资者相关权益也影响中小企业的融资效率。企业治理不科学、生产低效率、财务不规范、营销混乱，都会导致企业筹资成本升高，资金配置不合理、资金利用率降低，从而导致企业融资效率和经营效率降低。科学完善的公司治理结构是企业发展的前提，更是提高企业融资效率的关键。企业务必按照现代企业制度完善企业法人治理结构，通过产权关系明确化，处理好股东之间的制衡机制、管理人员的责任和利益划分，使企业所有人与职业经理人利益达成一致，降低职业经理人的道德风险和逆向选择，进而提高对投资者的保护水平，最终达到提高融资效率的目的。

第二，提高监管水平。

投资者保护是为维护市场公平和投资者权益的一项基础工作，在市场经济国家已开展多年并取得广泛的认同，对消除或减少信息不对称的消极影响，以及遏制对投资者权益不当侵犯方面起到明显的作用。对此本研究认为，应该提高监管执法水平，增强证券监管对投资者保护的有效性，建立高效的执法机制和系统，主要从以下几个方面着手。首先要增强自律组织的独立性。一是改革政府管理体制，改变政府以往对民间行业协会等自律组织较多干涉的情形，保障国家政府在实施监管和日常事务中最大限度地不介入民间行业协会的内部事务，减少对行业自律的行政干扰。二是进一步深化市场经济体制改革，市场经济体制改革有助于促进证券行业协会的自律功能实现。一方面市场化改革可以促进资源在市场各主体间的合理配置，削弱政府对资源的集中控制，使政府和市场在资源的配置中各尽其能，各司其职，同时也可减少经济对政府的依赖，为行业协会的自律和自治奠定基础；另一方面市场化改革将使我国涌现更多产权清晰的企业，使其在市场交易中实现企业利益与个人利益更大程度的契合。其次要合理划分政府和自律组织之间的权限。一是证券交易所可以利用其贴近市场的优势，主要负责交易市场并对上市公司控股股东实行监管；证券业协会主要在交易市场对证券公司、律师事务所和会计师事务所等中介机构实行监管，对违反法律规范和行业章程者给予纪律处分，同时开展市场参与者和公众投资者教育活动，提高投资者的风险意识。二是政府要加强对资本市场的监管，要以指导性的间接监管为主，给自律组织以更大的功能实现空间，避免政府因过度监管导致对市场的压抑。三是要重视对上市公司与投资者关系以及投资者保护方面的研究，加强对投资者赔偿机制等方面的有关研究。面向上市公司开展一系列的调查，并对此做出深入分析，为公司发展和改进投资者的管理与保护机制提供有用的参考建议；同时将上市公司投资者保护状况最终评价结果通报上市公司，以此促进上市公司自行改正的相关工作。四是加强对投资者相互关系的处理和投资者保护相关的业务培训工作，引导企业重视此项工作以此来保证投资者保护水平的提高。

第三，提供内幕交易私权救济。

对投资者利益的保护，主要有两个方面，一是保障他们合法获得上市公司、证券部门以及其他市场主体可能引起证券价格变化的各种信息权利，二是平等参与交易的权利。信息获取权就是如何加强信息披露；平等参与交易权利就是要制约内幕交易。除各种法律条文规定外，对中小投资者来讲，最有效的保护是加大内幕交易的监管力度，提供私权救济。针对目前我国的现实情况，应在刑事责任、行政处罚等公权责任之外，确立内幕交易的民事赔偿责任，对权利受到侵害的中小投资者予以切实、可操作的申诉权与索赔权。虽然《证券法》有违反证券法规应承担赔偿责任的相关规定，但到目前为止，证监会已处理内幕交易多起，至今仍鲜有个人请求赔偿的诉讼案，其中一个很重要的原因是法律程序上的不可操作性，而法律上的不可操作性主要集中在诉讼资格和赔偿标准的确定上。针对该情况应该参照美国的成功实践。

就诉讼资格来讲，由于上市公司股东身份的变动性和非单一确定性，因而难以证明投资者自身利益受损与内幕交易有直接的因果关系。对此，应参考美国立法和司法实践中的"同时交易者说"，只要内幕交易人隐瞒信息和相关人交易，那么在同一时间与之交易的交易者，通过证交所数据库储存的交易记录，能够识别其曾有的身份和所遭受的损失，如此就具备原告资格，可以提请损害赔偿诉讼。

对损失及赔偿金额的确定是内幕交易私权救济施行中的最大难点。因为投资者损失可能包括以下两个原因，一是由内幕交易行为导致股价下跌或上涨造成的，二是由市场正常价格波动生成的。在内幕交易侵权赔偿案上很难对其进行区分，而让内幕交易者对市场正常价格波动造成的投资者损失承担责任也不公平，所以内幕交易侵权赔偿只能采取特殊的理赔制度。美国将这个赔偿金额限定在内幕交易者的全部非常所得范围内，采用的是"非法所得计算法"。美国证券交易委员会建立了公众投资者损害赔偿金制度，即将收回的内幕交易者非法所得放在一个暂时保管账户上，用来支付因内幕交易受损害的公众投资者。该方法简便可行而不失公正，值得我国借鉴。

第四，完善中小股东保护制度。

股东作为公司的投资者，保护其在公司中的合法权益乃是公司生存、发展的前提和基础。而少数股东作为股东的重要组成部分，由于其股权的固有特性，其权益极易被多数股东以及公司经营管理者所侵蚀，更需要法律强有力的保护。要完善我国中小股东法律保护制度，构筑公司内部制衡与外部干预相结合，事前预防、事中监督及事后救济相配套的多层次全方位立体的少数股东权益的法律保护体系，协调、平衡公司及其股东、董事、监事、经理等公司各方主体之间的利益。在我国，保护中小投资者合法权益集中体现在保护流通股股东的合法权益上，而其关键在于制约大股东的行为。信息披露、中立机构的客观分析、公告和监管处置是保护中小投资者的必要条件。

（3）提高企业融资效率。

第一，强化资源配置，改善资金运用效率。

企业应强化经济资源的配置水平，加强资源的合理运用，提升资金周转效率。资金的筹集、管理、使用应切实根据生产经营状况、企业所处发展阶段、行业发展状况，制定合理的资金使用计划，并进行可行性分析。进而提升企业资金的管理水平和运营效率，保障企业高效运转。目前，我国中小企业普遍处于成长阶段，发展速度快，但是效率相对较低。企业应该充分利用股权转让平台实现有效融资，顺应经济转型的大趋势，明确企业发展目标和战略，调整企业规模，充分利用可支配的经济资源，加强内部管理，洞察经济形势走向，灵活应对市场变化。

第二，寻求外部合作。

中小企业在优化内部管理水平，加强企业内部管理控制的同时，应积极寻求外部合作。在经营过程中合理利用经营负债筹资,同上下游企业建立战略联盟,以获取融资的便利性。同时中小企业可以相互合作,融合不同企业的竞争优势,达成共享信息资源,提升企业品牌形象,形成协同效应,提升企业的融资效率。

第三,政府出台专门法律。

中国证券市场法律规则制定已经对投资者保护赋予较大的权利,比如修订后的《公司法》和《证券法》等一系列法律,对众多中小投资者的权利已有一股一票、累计投票权、代理投票权、优先认购新股权等规定,但对投资者保护的法律规则设定还有待进一步完善。在资本市场发育程度比较高的国家和地区,用法律手段规范投资者权益保护是通行的做法。随着证券市场的发展,不仅仅要对已有的诸如《公司法》和《证券法》等法律法规进行修改,还需要出台专门针对投资者的法律。这一措施有助于提高我国投资者法律保护体系的稳定性和持续性,有助于增强我国中小投资者对证券市场的信心,从而有利于我国资本市场的可持续发展。笔者认为,我国应将针对投资者保护的一些部门规章整合成一部专门针对保护投资者的法律《投资者保护法》,从基础上为投资者保护和证券市场监管提供法律依据。

第六章

民间资本有效对接"麦克米伦缺口"的 配套政策建议

第一节 激发民间投资者投资 潜能的政策措施

一 扩大民间投资的空间和渠道

鉴于现有的国家投资环境对民间投资发展产生的制约因素，政府应进一步放宽民间投资的准入领域，降低民间投资的准入门槛。让民间投资者有机会把资本投入到部分垄断性行业，力求营造一个公平合理的投资环境。

当前，吉林省至少有三个领域可以供民间投资者考虑：一是生态工程，如对绿色产品的开发和生产；二是医疗卫生，随着省内医疗体制改革的深入开展，私立医院将成为民间投资发展的较好领域;三是教育,让民间资本进入教育领域可行性是非常高的。向民间投资者开放这些领域之后,相信民间投资者的投资能力一定会更上一层楼。

二 为民间投资提供财政金融支持

政府在财力允许的情况下,应该允许财政资金直接进入以民间投资为主的项目,并且可以考虑发放部分导向性的贷款贴息奖金等。除此之外,应大力降低民营企业的融资门槛和成本,使民营企业真正做到不再"只为钱发愁"。建立多渠道、多元化的金融市场以鼓励和引导吉林省的民间投资。

三 加强投资管理

鉴于非政府性企业投资已逐步成为民间投资的主要力量,针对吉林省民营企业的具体情况,应该在企业运行的有关制度、投资管理等方面制定统一标准。例如,加强民间资本的归口管理,避免民营企业重复投资,成立风险投资基金或共同互助基金等,为民间投资者营造一个良好的舆论氛围,力求将民间投资列入全省经济中长期规划,统筹管理、统一调控。

第二节 优化民间投资环境的措施

一 大力发展民营企业,促进民间投资者潜能

就民间投资而言,从根本上讲是要扩大民营企业的数

量和规模，使民间资本有项目可投，民间投资的持续力才会不断加强。因此，政府应扩大民营企业的准入空间，制定鼓励和扶持民营企业发展的政策，继续扩大民营企业的数量和规模，最大限度提升可利用的民间资本额度。在投资产业方面，政府应引导和充分利用民间投资者的投资偏好，充分调动民间投资者参与社会经济投资的积极性。比如，制定相应的鼓励和引导政策，使民间投资者在投资政府所引导的项目时可以有更多的收益，从而调动民间投资者参与投资的积极性。

加大对民营企业的财政支持力度。政府在财力状况允许的情况下可以准许财政资金直接投入民营企业，这样可以让财政资金完整地注入民营资本中，最大限度地促进民营企业的发展。各金融机构应该极力配合政府出台的关于扶持民营企业的政策措施，鼓励和支持民营企业，对处于创业初期的民营企业应给予优厚的贷款政策，并根据民营企业具体特点制定相关的借贷政策，更好地让金融机构为民间投资者创业服务。

二 协调各方关系，促进民间投资者投资

协调各个地区之间和各类型产业之间的民间投资发展十分重要。各地区的民间投资发展存在很大的不平衡，在国内要更多地扶持和促进中西部地区民间投资的利用和发展，做到各个地区之间相辅相成，相互促进地区间的经济发展。

在产业投资类型上，除了在第三产业中充分利用民间资本外，在第一和第二产业方面也要积极调动和引导民间投资者的投资兴趣，制定相关的鼓励引导政策，使各产业之间协调发展。大多数发达省份除了在一些关系国家安全和国计民生的产业之外，允许和鼓励民间资本遵寻市场化原则进入其他领域，国有制不再对大多数产业进行垄断。在所有制层面，应打破行业间所有制的界限，充分发挥市场调节作用，使民间资本可以源源不断地注入各产业的发展中。与此同时，政府也应注意完善产权制度和其他一系列保障市场经济健康运行的规范措施，让民间投资者有序进入投资市场，形成健康的投资体系，使民间投资更好地为经济社会发展做出贡献。

第三节　改进中小企业内部循环，提升其自我吸引的能力

一　完善政府支持体系

应将中小企业内部资本结构建设摆在首要位置，使企业与金融服务模式合为一体。到目前为止，我国特定为中小企业解决融资需要的金融机构还不多。鉴于此种状况，应在中小企业内部建立层级管理的基本组织架构，实行深度创新与调整，鼓励金融机构提供各种关于中小企业的信贷产品。这可以在一定范围内摆脱金融垄断束缚，让企业彻底融入金融领域。除此之外，还需对各类商业银行实行

业务扩展和融资规划。针对中小企业的融资特点实行不同于大型企业的信贷业务操作流程，积极开展新型中小企业信贷产品和服务，构建多元化的金融服务行业体系框架。根据中小企业融资需求的不同之处，选择符合本企业自身特点的金融产品，以提高金融机构个性化金融服务效率。

二 加强企业制度管理

建立健全中小企业各项管理制度，明确产权关系，促进产权的协调性，必要时施以大力调整，为企业未来融资打下深厚的基础。中小企业需要摆脱古老的家族企业管理模式，建立高管人员的激励机制，聘用各种技术类、管理类人才，建立健全企业内部的制衡机制，以实现企业经营者、生产者和外部投资者之间的相互制约，调动企业员工的工作热情，提高企业内部经营管理水平。毋庸置疑，企业日常的工作积累是提高工作质量和效率的前提，企业应不断寻求扩大规模的有效途径，不断完成自我能量的积累，大大提高工作能力。

三 形成新型企业价值和运营理念

中小企业需要遵循我国社会主义市场经济制度，有效利用内源融资渠道，规避企业经营风险，提高企业运营能力，加强企业信用度，在维持基本盈利能力的情况下加大对公积金的提取比例，对先前的资金规模进行深层次拓展。中小企业需按照企业发展情况，选择融资工具与融资产品，在确保各项收益稳定的前提下循序渐进地促进企业向前发展，提高融资效率和融资质量。

第四节　利用互联网金融实现民间资本与"麦克米伦缺口"的有效对接

2011 年以后是互联网金融开展实质性金融业务的阶段，特别是 2015 年李克强总理在《政府工作报告》中提出"互联网＋"的概念后，互联网金融更是大踏步前进。互联网在这一时期飞速发展，互联网金融是时代创新的产物。传统金融机构逐渐推出线上交易平台和手机 App 开展互联网金融业务。非传统金融机构主要依靠互联网平台和微信公众号交易，主要有 P2P 模式借贷平台、众筹模式投资平台和第三方支付小额贷款平台等。民间资本存量一直是银行等传统金融机构的补充，现在已经成为中小企业不可或缺的一种融资方式。P2P 平台、众筹等主要以民间资本为资金的提供者，大致也由民间金融发展而来。民间资本借助互联网在不同的金融平台实现规范化和专业化发展的同时还获得了收益。互联网金融的快速发展有力地加快了中小企业与民间资本对接，有效地解决了"麦克米伦缺口"问题。P2P、众筹、微贷等互联网金融模式都给民间资本存量提供了投资渠道，同时也为中小企业提供了与民间资本有效对接的平台。

一　第三方支付平台小额贷款

阿里巴巴旗下蚂蚁金服的小额贷款服务，提供不同期限不同收益率的借款产品，在平台上与中小企业对接，给中小企业提供筹资的渠道。蚂蚁金服的小额贷款将服务对象定位在中小微企业，通过互联网的便利为中小企业提供互联网化、批量化、数据化的小额贷款服务，并且根据借款记录累积信用，利用云数据库初步建立起中小微企业信用体系，让企业的累积信用发挥作用，正在一点一点地解决中小企业信用数据缺失的问题，为中小企业融资创造便利条件。截至 2015 年 3 月底，蚂蚁金服的小额贷款已经累计为超过 140 万家的中小微企业解决融资需求，累计投放贷款超过 4000 亿元，帮助大量中小企业解决了资金缺口的问题。互联网金融为中小企业提供了便捷的渠道，使民间资本与中小企业融资实现了有效的对接。

二　P2P 网络贷款

P2P 网络借贷是一种直接融资形式，由于是线上模式，全国各地的投资者可以在平台上选择自己中意的项目，民间资本充足的东部地区可以投资西部地区的项目，极大地拓展了交易的地域范围，缓解了地域资本差异，拓宽了交易主体范围，使各地资金能得到更加有效的利用。在 P2P 平台上有不同企业、不同时限、不同利率的产品，投资者可以主动自由地选择自己中意的投资产品。

三　众筹

现在的众筹主要有两种形式，一种是购买模式，另一种是投资模式。购买模式主要是投资者对企业或项目进行投资，之后以优惠的价格获得项目或企业的产品作为回报。投资模式主要是投资某一公司的项目后，可以获得公司一定比例的债权或股权，债权众筹还能获得一定的利息收益，股权众筹大多是在公司成立之初。上线众筹项目能快速帮助中小企业对接资金。投资模式的产品价格通常不高，通过自身产品与价格吸引投资者，并且风险相对比纯投资模式要低，对于风险规避偏好的投资者具有吸引力。众筹对资金需求不多的中小企业来说更为适合，为需要资金的中小企业提供了一条新的融资渠道，增加了企业发展初期的资金来源。

互联网金融为中小企业提供了良好的融资平台，让更多的民间资本参与中小企业的经营活动，为中小企业弥补资金缺口提供了更简便的方式。互联网金融是随着社会与经济的发展逐渐产生的一种投融资方式，借助互联网金融实现了民间存量资本的阳光化、正规化。因此，互联网金融可以充分发挥民间资本存量的作用，推动互联网金融的发展，实现中小企业融资。

附　件

附1　吉林省中小企业融资偏好调查问卷

A. 企业基本情况

1. 企业名称：_____

2. 登记注册类型：_____

（1）国有及国有控股企业　　（2）集体企业

（3）私营企业　　　　　　　（4）港澳台商投资企业

（5）股份有限公司　　　　　（6）其他有限责任公司

（7）个体

3. 所属行业：_____

（1）农业　　　　　　　　　（2）建筑业

（3）生产制造业　　　　　　（4）零售业

（5）计算机互联网　　　　　（6）物流

（7）贸易业　　　　　　　　（5）交通运输业

（7）餐饮娱乐业　　　　　　（8）其他（请注明）

4. 企业规模：_____

（1）大型　　　　　　　　　（2）中型

（3）小型

B. 企业融资情况（除注明为多选外，其余为单选）

1. 创办时企业筹资途径有哪些（可多选）？_____

（1）自有资金　　　　　　　（2）民间借贷

（3）内部员工集资　　　　　（4）银行贷款

（5）股东投资　　　　　　　（6）财政投入

（7）其他方式（请注明）_____

2. 企业自有资金所占比例：_____

（1）20%以下　　　　　　　（2）20%~40%

（3）40%~60%　　　　　　　（4）60%-80%

（5）80%以上

3. 企业的资本结构中资产负债比率：_____

（1）20%以下　　　　　　　（2）20%~40%

（3）40%~60%　　　　　　　（4）60%以上

4. 企业在生产运营中有过几次融资行为？_____

（1）1~3次　　　　　　　　（2）3~5次

（3）5~8次　　　　　　　　（4）8次以上

（5）未发生

5. 企业融资投向是_____

（1）补充流动资金　　　　　（2）扩大生产经营规模

（3）购置固定资产　　　（4）引进新产品新技术

（5）新产品新技术研究开发　（6）开展新项目

（7）拓展新市场　　　　　（8）其他（请注明）

6. 企业在融资过程中采用的融资渠道包括（可多选）：_____

（1）企业内部融资　　　（2）债权融资

（3）股权融资　　　　　（4）私募或上市融资

（5）引进风险投资　　　（6）项目融资

（7）贸易融资　　　　　（8）政策融资

（9）其他（请注明）

7. 企业如果有融资需求，将采取的融资方式（可多选）：_____

（1）自筹资金　　　　　（2）银行贷款

（3）民间借贷　　　　　（4）内部集资

（5）财政投入　　　　　（6）债权融资

（7）股权融资　　　　　（8）其他方式

8. 如果没有融资情况，原因是什么（多选）：_____

（1）资金充足

（2）认为企业自身资产和盈利状况难以获得贷款

（3）贷款费用高、审批时间长、手续复杂，不能满足企业需求

（4）不了解各种融资途径和方法

（5）不了解相关政策规定

（6）其他（请注明）_____

C. 企业对融资环境的看法和建议

1. 您认为在改善中小企业融资环境方面，哪些机构起决定性作用（多选，按作用大小排序）？_____

（1）政府　　　　　　　　（2）银行

（3）信用担保机构　　　　（4）民间借贷公司

（5）证监会　　　　　　　（6）其他（请注明）

2. 您认为政府在企业融资过程中是否起到作用？_____

（1）有重要作用　　　　　（2）有作用

（3）作用不大　　　　　　（4）没有作用

3. 您认为导致中小企业融资困难的因素是什么？_____

（1）中小企业信用等级低，银企关系恶劣

（2）中小企业可用于抵押担保的资产不足

（3）缺乏对中小企业融资的政策扶持

（4）缺乏专门的金融管理机构

附2　关于个人投资者投资偏好的调查问卷

问题1：您了解什么是民间投资么？

□非常了解　　　□了解一些　　　□一点都不了解

问题2：您平日常进行哪种投资（多选）？

□银行存款储蓄　　□股票　　　　　　□基金

□债券　　　　　　□商业保险　　　　□股权投资

□固定资产投资　　□其他类型投资

请阐述其他类型投资（请注明）

问题3：您觉得未来哪种投资前景看好（请选择三项）？

□银行存款储蓄　　□股票　　　　　　□基金

□债券　　　　　　□商业保险　　　　□股权投资

□固定资产投资　　□其他新型投资

问题4：您选择投资的决定性因素是什么？

□投资收益性

□投资风险的大小

□投入资金的流动性

□其他因素（请注明）

问题5：未来是否会继续进行民间投资活动并阐明原因？

□是　　　　　　　□否

原因是＿＿＿＿＿＿＿＿＿＿＿＿＿＿＿＿＿＿＿＿＿＿

问题6：对新型的投资产品有什么期望和需求？

对新型投资产品的期望是＿＿＿＿＿＿＿＿＿＿＿＿＿

问题7：如果出现合适的投资产品是否愿意买入？

□是　　　　　　　□否

问题8：关于民间投资的其他意见

意见如下＿＿＿＿＿＿＿＿＿＿＿＿＿＿＿＿＿＿＿＿＿

参考文献

曹凤岐:《建立和健全中小企业信用担保体系》,《金融研究》2001 年第 5 期。

曹志鹏、程佳佳:《关系型贷款与我国中小企业融资》,《经济与金融》2013 年第 1 期。

晁坤、耿璐:《基于 DEA 的我国煤炭上市公司融资效率评析》,《中国矿业》2014 年第 6 期。

陈国进、赵向琴、林辉:《上市公司违法违规处罚和投资者利益保护效果》,《财经研究》2005 年第 8 期。

陈华:《企业民间信贷融资现状分析及规范方式探讨》,《中外企业家》2014 年第 18 期。

陈华:《马尔基尔的投资五原则》,《理财》2010 年第 7 期。

陈孝明:《基于 DEA 方法的我国上市文化企业融资效率评价研究》,《科技与经济》2015 年第 4 期。

陈意新:《政府在解决中小企业融资中的作用》,《经济研究导刊》2009 年第 14 期。

陈战运、杨文杰、宿芸芸:《中小企业融资能力影响因素研究——基于中小板上市公司数据》,《财会通讯》2014 年第 15 期。

程剑鸣、孙晓岭:《中小企业融资》,清华大学出版社,2015。

储思琮:《民间投资增速回落:李克强为什么抓住这件事不放 》,《新京报》2016 年 7 月 19 日。

崔凤阁、刘冰、张弛:《稳健货币政策下中小企业融资研究》,《工业技术经济》2013 年第 3 期。

崔明:《吉林省中小企业技术创新现状浅析》,《吉林省经济管理干部学院学报》2015 年第 10 期。

戴发文:《我国中小企业融资障碍与疏导途径分析》,《企业研究》2002 年第 8 期。

董会霞:《我国中小企业融资与民间资本对接问题研究》,《财经界》(学术版)2015 年第 3 期。

董俊平、肖圣章:《国务院"新 36 条"几大亮点与突破》,《政策瞭望》2010 年第 6 期。

董奇:《企业信用评级与财务分析存在的关联性研究》,《商场现代化》2016 年第 28 期。

董正铎:《基于民间金融视角下的中国中小企业融资问题研究》,浙江师范大学硕士学位论文,2010。

杜海鸥:《中小上市公司融资效率问题研究综述》,《会计之友》2010 年第 3 期。

杜晶:《我国上市公司会计信息披露的问题分析及对策》,

《吉林工商学院学报》2008 年第 6 期。

方先明、吴越洋：《中小企业在新三板市场融资效率研究》，《经济管理》2015 年第 10 期。

幺艳丽、冯志国：《制约吉林省民间投资的主要因素及对策分析》，《吉林省教育学院学报》2006 年第 2 期。

付桂存：《中小企业股权众筹的融资风险及其防控机制》，《河南师范大学学报》（哲学社会科学版）2016 年第 5 期。

高萌：《关于我国中小企业融资难的问题研究》，《时代金融》2010 年第 11 期。

高山：《基于 DEA 方法的科技型中小企业融资效率研究》，《会计之友》2010 年第 3 期。

葛文鑫：《江西省民间投资活力的影响因素及提升对策研究》，江西师范大学硕士学位论文，2015。

耿传辉：《吉林省中小企业融资问题分析及对策》，《长春工程学院学报》（社会科学版）2006 年第 4 期。

耿新：《我国中小企业信贷融资渠道不畅的成因及对策》，《内蒙古科技与经济》2004 年第 7 期。

管海霞：《中小企业融资问题研究》，《山西财经大学学报》2015 年第 3 期。

郭国防：《激发民资扩大投资　拉动经济持续增长》，《广东经济》2016 年第 10 期。

郭荔、师帅朋、田广研：《我国中小企业资本结构特征与优化策略分析》，《商业时代》2012 年第 34 期。

何丽娜:《我国科技创新型中小企业融资效率研究——基于创业板上市公司的 DEA 分析》,《金融理论与实践》2016 年第 3 期。

胡红桂:《基于 DEA 的集群与非集群中小企业融资效率比较实证研究》,《金融经济》2009 年第 10 期。

胡慧娟、李刚:《中小企业融资效率影响因素分析》,《会计之友》2008 年第 9 期。

胡旭微、李记辉:《中小企业融资方式对融资效率的影响》,《经营与管理》2015 年第 3 期。

黄彬红、戴海波:《关系型借贷与农村中小企业融资:一个村集体经济的视角》,《农村经济》2014 年第 3 期。

黄孟复:《中国小企业融资状况调查》,中国财政经济出版社,2013。

黄琼:《企业融资与项目融资的融资效率比较研究》,《昆明理工大学学报》(自然科学版)2014 年第 2 期。

黄玉英、余克艰、娄淑珍:《整合视角下中小企业融资效率影响因素研究》,《科技进步与对策》2015 年第 15 期。

惠智乾:《我国中小企业融资问题研究》,《知识经济》2015 年第 8 期。

吉林省统计局:《吉林省统计年鉴(2016)》,中国统计局出版社,2016。

纪燕飞:《民间金融解决中小企业融资困境》,辽宁大学硕士学位论文,2014。

姜世梅:《我国中小型企业融资相关问题研究》,《经济视野》2014 年第 14 期。

金辉、黄坏：《基于两阶段 DEA 模型的新三板企业融资效率评价》，《生产力研究》2017 年第 9 期。

金永红、奚玉芹：《中小企业融资模式选择的国际比较》，《区域经济评论》2006 年第 1 期。

金玉：《中小投资者法律保护与股权集中度：替代抑或结果》，西南财经大学硕士学位论文，2014。

靳大勇：《我国民间资本的发展与规范研究》，山西财经大学硕士学位论文，2013。

赖诚成：《我国银行市场结构对中小企业融资效率的影响》，《经济与管理》2014 年第 9 期。

李芳：《中国中小企业信用评级指标体系研究》，西南财经大学硕士学位论文，2009。

李国义：《民间投资论》，中国财政经济出版社，2016。

李慧：《中小企业融资效率评价指标体系研究》，《中国乡镇企业会计》2017 年第 3 期。

李京文、王宇纯、杨正东：《战略新兴产业上市公司融资效率研究——以北京市为例》，《经济与管理研究》2014年第 6 期。

李莉：《我国企业融资效率评价与影响因素分析》，《商业时代》2013 年第 11 期。

李牧辰、纪宣明、王堃：《新三板创新层企业融资绩效分析》，《生产力研究》2017 年第 11 期。

李山锡：《民间资本相对过剩问题浅析》，《现代经济信息》2012 年第 24 期。

李晓伟、曹卫群：《信用形式与企业融资方式》，《商业研究》2006 年第 19 期。

李新平：《湖南民营企业信用违约对融资的影响研究》，《金融经济》2017 年第 22 期。

李玉潭：《吉林省中小企业发展报告》，吉林大学出版社，2012。

李竹青：《重大工程项目成民间投资大舞台》，《经济参考报》2016 年 8 月 24 日。

梁菁菁：《企业融资效率及其融资模式的实证分析》，《金融经济》2018 年第 22 期。

梁利辉：《终极控制股东、投资者保护与会计稳健性》，西南交通大学博士学位论文，2015。

廖凌睿：《现金股利分配涉入的中小投资者利益保护实证研究》，重庆工商大学硕士学位论文，2015。

廖艳、沈亚娟：《新三板中小企业融资效率及其影响因素研究》，《会计之友》2017 年第 6 期。

林伯先：《浅析我国民间信贷发展现状及影响》，《经济师》2013 年第 2 期。

林汉川、秦志辉、池仁勇：《中国中小企业发展报告（2015）》，北京大学出版社，2015。

林汉川、夏敏仁：《企业信用评级理论与实务》，对外经济贸易大学出版社，2013。

林俐：《中小企业融资偏好与资本结构优化策略》，《四川师范大学学报》（社会科学版）2013 年第 4 期。

林毅夫、李永军：《中小金融机构发展与中小企业融资》，
　　《经济研究》2001 年第 1 期。

刘白兰、李江涛：《政府掠夺、内部人合谋与公司治理——
　　兼论中小投资者保护》，《广东金融学院学报》2010 年
　　第 3 期。

刘海虹：《国有企业融资效率与银行危机相关性研究》，《财
　　经问题研究》2000 年第 3 期。

刘恒璇：《对延边民间投资状况的几点思考》，《延边大学
　　学报》（社会科学版）2005 年第 1 期。

刘华：《我国中小企业发展与金融支持研究》，暨南大学硕
　　士学位论文，2006。

刘玲、王婉秋：《基于可持续发展的中小企业信用担保机
　　制及对策研究——以天津市中小企业融资担保为例》，
　　《天津商业大学学报》2010 年第 1 期。

刘曼红：《中国中小企业融资问题研究》，中国人民大学出
　　版社，2014。

刘敏：《小微企业信用综合评级模型的构建》，《西南师范
　　大学学报》（自然科学版）2017 年第 9 期。

刘攀、吴冬梅：《试论信用评级制度对信用风险的弱化作
　　用》，《西南金融》2003 年第 11 期。

刘彦平：《中小股权保护的制度基础》，人民出版社，2006。

刘艳：《我国上市公司投资者关系管理的现状分析》，《商
　　场现代化》2010 年第 36 期。

刘志远、姚颐：《我国开放式基金赎回行为的实证研究》，

《经济科学》2004 年第 5 期。

柳建华、魏明海、刘峰：《中国上市公司投资者保护测度
与评价》，《金融学季刊》2013 年第 1 期。

柳建华、魏明海：《投资者保护的内涵与分析框架》，《中
山大学学报》（社会科学版）2010 年第 3 期。

卢福财：《企业融资效率分析》，经济管理出版社，2001。

罗丹阳：《中小企业民间融资》，中国金融出版社，2009。

罗爽、宋明：《中小企业信用评级体系在融资过程中的作
用研究》，《商场现代化》2016 年第 8 期。

马光远：《"温州之殇"的制度反思》，《中国经济信息》
2011 年第 21 期。

马光远：《细品"民间投资 36 条"》，《新理财·政府理
财》2010 年第 6 期。

马亚军、宋林：《企业融资效率及理论分析框架》，《财经
科学》2004 年第 5 期。

倪广顺、徐向阳：《上市公司融资效率预评价指标体系的
构建》，《技术经济》2009 年第 7 期。

潘福林：《文化产业相关分析》，《工业技术经济》2016 年
第 11 期。

潘丽丽：《我国中小投资者保护现状分析》，西南财经大学
硕士学位论文，2014。

邱丹平：《中小企业融资效率的实证研究》，《中国商贸》
2014 年第 17 期。

沈忱：《中小企业在新三板市场融资效率研究——基于三

阶段 DEA 模型定向增发研究》，《审计与经济研究》
2017 年第 3 期。

沈艺峰、肖珉、黄娟娟：《中小投资者法律保护与公司权
益资本成本》，《经济研究》2005 年第 6 期。

沈艺峰、肖珉、林涛：《投资者保护与上市公司资本结构》，
《经济研究》2009 年第 7 期。

沈艺峰、许年行、杨熠：《我国中小投资者法律保护历史
实践的实证检验》，《经济研究》2004 年第 9 期。

石曦：《中小企业民间融资的适应性与风险防范》，《中国
商论》2013 年第 5Z 期。

宋光辉、李洪发、许林：《基于两阶段 DEA 的科技型中小企
业融资效率研究》，《科技管理研究》2017 年第 2 期。

宋万平：《资本市场监管与投资者保护》，吉林大学硕士学
位论文，2015。

宋理升：《上市公司信息披露透明度研究：基于实际控制
人控制与制衡的视角》，四川大学出版社，2011。

宋文兵：《对当前融资形势的理性思考》，《改革与战略》
1997 年第 6 期。

宋文兵：《关于融资方式需要澄清的几个问题》，《金融研
究》1998 年第 1 期。

孙会霞、陈金明、陈运森：《银行信贷配置、信用风险定
价与企业融资效率》，《金融研究》2013 年第 11 期。

孙莉：《我国证券市场投资者保护水平与证券市场效率的
实证研究》，《山东财政学院学报》2009 年第 4 期。

孙志伟:《以信用体系破解中小企业融资难题》,《江苏商论》2014 年第 1 期。

陶红、陈志刚:《建设我国社会信用管理体系探讨》,《金融理论与实践》2003 年第 7 期。

田婷、彭芳春:《中小企业融资中的政府行为分析》,《湖北工业大学学报》2011 年第 6 期。

《投资北京》编辑部:《让民间资本投资"有门"》,《投资北京》2016 年第 9 期。

王瑞:《2015 年白城市民间投资发展状况》,《白城日报》2015 年 12 月 31 日。

王大华:《对吉林省中小企业融资难问题的探讨》,《吉林工程技术师范学院学报》2010 年第 11 期。

王合丽:《基于民间金融视角的中小企业融资渠道》,《经营与管理》2012 年第 3 期。

王建中、张莉:《投资者法律保护与公司融资的配置效率》,《南京审计学院院报》2008 年第 4 期。

王凌霞:《吉林省:服务做加法　管理做减法》,《国际商报》2016 年 10 月 17 日。

王莉:《我国中小企业融资方式及融资效率研究》,华东师范大学硕士学位论文,2010。

王铁军:《中国中小企业融资 28 种模式》,中国金融出版社,2014。

王伟:《民间借贷视角下我国中小企业的融资模式研究》,中国海洋大学硕士学位论文,2013。

王霄、张捷:《银行信贷配给与中小企业贷款——一个内生化抵押品和企业规模的理论模型》,《经济研究》2003 年第 7 期。

王筱宇:《"麦克米伦缺口"分析及中国式治理》,《江南大学学报》(人文社会科学版) 2011 年第 6 期。

王新蕾:《投资者保护的执法环境对上市公司股利政策的影响研究》,山东财经大学硕士学位论文,2014。

王秀贞、丁慧平、胡毅:《基于 DEA 方法的我国中小企业融资效率评价》,《系统工程理论与实践》2017 年第 4 期。

王雪梅、贾琪琪:《基于 DEA-Malmquist 指数的我国制造业中小企业融资效率研究》,《武汉金融》2018 年第 8 期。

王在全:《中小微企业融资新三十六计》,中国经济出版社,2014。

王震:《基于解释结构模型 (ISM) 的林业企业融资影响因子结构分析》,《安徽农业科学》2014 年第 11 期。

王重润、王赞:《"新三板"挂牌企业融资效率分析》,《上海金融》2016 年第 11 期。

魏开文:《中小企业融资效率模糊分析》,《金融研究》2001 年第 6 期。

吴飞、王淑梅:《我国中小企业融资效率综合评价和实证分析》,《特区经济》2012 年第 7 期。

吴晶妹:《对中国信用标准体系建设的思考》,《大众标准化》2009 年第 10 期。

吴瑕:《融资有道》,中国经济出版社,2012。

伍蓓:《股权众筹融资中的投资者风险及其防范》,《芜湖职业技术学院学报》2016年第1期。

夏敏仁、林汉川:《企业信用评级:基于国外经验的中国体系研究》,上海财经大学出版社,2006。

萧维:《企业资信评级》,中国财政经济出版社,2005。

修国义、李岱哲:《科技型中小企业新三板融资效率测度研究》,《科技进步与对策》2016年第4期。

许春燕、潘福林:《吉林省民间投资的现状及政策选择》,《工业技术经济》2004年第1期。

杨贵宾、王晓芳:《投资者保护、资本市场与经济增长》,《系统工程理论方法应用》2004年第6期。

杨国佐、张峰、陈紫怡:《新三板挂牌公司融资效率实证分析》,《财经理论与实践》2017年第2期。

杨晶:《"十二五"促进民间投资,规模近千亿》,《延边日报》2016年5月27日。

杨舒雯:《加快转型背景下我国地方政府投融资困境分析及对策研究》,贵州大学硕士学位论文,2015。

杨嵩男、李竹青:《2016年民间投资增速预计超10%》,《长春日报》2017年1月17日。

杨阳:《西安市民间投资与经济增长关系的实证研究》,西安建筑科技大学硕士学位论文,2015。

袁成杰:《经济新常态下中小企业融资效率问题研究》,《河北金融》2015年第2期。

袁晓芳：《吉林省促进民间资本支持科技型创业的对策研究》，吉林大学出版社，2008。

曾康霖：《对影响股价变动的几个经济变量的分析》，《四川金融》1994 年第 9 期。

曾康霖：《怎样看待直接融资与间接融资》，《四川金融》1993 年第 11 期。

曾昭灶、李善民、陈玉罡：《我国控制权转移与投资者保护关系的实证研究》，《管理学报》2012 年第 7 期。

张博：《民间投资增速再创新高》，《吉林日报》2015 年 12 月 15 日。

张博、杨熙安：《基于熵值法的上市公司融资效率研究》，《财经理论研究》2014 年第 1 期。

张华夷：《民间金融对中小企业融资的作用分析》，《现代营销·下旬刊》2018 年第 9 期。

张会平：《化解吉林省中小企业融资困境的金融对策》，《税务与经济》2015 年第 3 期。

张杰、刘东：《微型企业融资困境与金融机构行为选择问题研究》，《生产力研究》2007 年第 1 期。

张进全：《加强民营企业党建工作思考》，《企业文化·下旬刊》2015 年第 8 期。

张其仔、尚教、周雪琳等：《企业信用管理》，对外经济贸易大学出版社，2012。

张世增：《加强我国上市公司中小投资者权益保护的思考》，《福建金融》2014 年第 1 期。

张太原、谢赤、高芳:《利率对上市公司资本结构影响的
　　实证研究》,《金融研究》2007 年第 12 期。

张卫华:《经济增长已企稳宏观环境仍复杂——2013 年全
　　区经济运行述评》,《市场论坛》2014 年第 4 期。

赵恒:《我国中小型企业融资现状的调查分析及创新研究》,
　　《商场现代化》2011 年第 10 期。

赵章平:《上市公司融资的宏观效率影响因素分析》,《财
　　政监督》2006 年第 2 期。

郑宏韬:《浅析我国中小企业融资"麦克米伦缺口"的解
　　决策略》,《时代金融》2013 年第 10 期。

郑念宇:《杭州市新三板挂牌公司股权融资效率分析》,
　　《经营与管理》2017 年第 1 期。

钟雅婷、刘松安:《法律解读:企业融资效率为什么低》,
　　《国际融资》2006 年第 10 期。

周铭山、周开国、张金华、刘玉珍:《我国基金投资者存
　　在处置效应吗?——基于国内某大型开放式基金交易
　　的研究》,《投资研究》2011 年第 10 期。

朱宏泉、李亚静:《集中与分散化投资——谁是基金的最
　　优选择?》,《管理评论》2008 年第 2 期。

朱华:《透视与求解政府在解决中小企业融资难问题中的
　　功能和定位》,《武汉金融》2007 年第 1 期。

朱明君:《科技型中小企业融资影响因素研究》,《新金融》
　　2017 年第 6 期。

朱艳艳:《民间投资参与基础设施建设法英模式比较研究》,

北京交通大学硕士学位论文,2010。

朱振东:《吉林省中小企业融资问题研究》,《商场现代化》2011 年第 12 期。

朱佐为:《中小型企业财务管理存在的问题及对策》,《经贸实践》2015 年第 7X 期。

B. A. Jain, O. Kini, "The Post-issue Operating Performance of IPO Firms ," *Journal of Finance* 49（1994）.

Bekaert G. , Harvey Campbell R. , "Does Financial Liberalization Spur Growth?" *Journal of Financial Economics* 1（2005）.

Berger, A. N. and Udell, G. F. , "The Economics of Small Business Finance: The Roles of Private Equity and Debt Markets in the Financial Growth Cycle," *Journal of Banking and Finance* 22（1998）.

Bernard V. , "The Feltham-ohlson Framework: Implication for Empiricists," *Contemporary Accounting Research*, *Spring*（2012）.

Cheng S. R. , Shiu C. Y. , "Investor Protection and Capital Structure: International Evidence," *Journal of Multinational Financial Management* 1（2007）.

Darren J. Kisgen, "Credit Ratings and Capital Structure," AFA 2004 SanDiego Meetings.

Durnev A. , Morck R. and Yeung B. , "Value-enhancing Capital Budgeting and Firm-specific Stock Return Variation," *The Journal of Finance* 59 (2004).

Jo H., Kim Y., "Ethics and Disclosure: A Study of the Financial Performance of Firms in the Seasoned Equity Offerings Market," *Journal of Business Ethics* 4 (2008).

Kathleen W. Johnson, "The Transactions Demand for Credit Cards," *Journal of Economic Analysis & Policy* 1 (2011).

Laeven L., Majnoni G., "Does Judicial Efficiency Lower the Cost of Credit?" *Journal of Banking & Finance* 7 (2005).

Porta R. L., Lopez-De-Silanes F., Shleifer A., etal., "Investor Protection and Corporate Valuation," *The Journal of Finance* 3 (2002).

Porta R. L., Lopez-De-Silanes F., Shleifer A., etal., "Law and Finance," *Journal of Political Economy* 6 (1998).

Rowley, Charles K., "Public Choice and the Economic Analysis of law," Nicholas Mercuro (ed), *Law and Economics* (Boston Kluwer Academic Publishers, 1989).

Shleifer A., Wolfenzon D., "Investor Protection and Equity Markets," *Journal of Financial Economics* 1 (2000).

Sven Offick, Hans-Werner Wohltmann, "Money and Credit in the New Keynesian Model," *Review of Economics* 3 (2014).

Tim Loughran, Jay R. Ritter, "The New Issues Puzzle," Journal of Finanee 50 (1995).

Wurgler J., "Financial and the Allocation of Capital," *Jour-*

nal of Financial Economics 1 （2000）.

Yu. Ru Syau, E. StanleyLee, "Fuzzy Numbers in the Credit Rating OfEnterprise Financial Condition," *Review of Quantitative Finance and Accounting* 12 （2011）.

图书在版编目(CIP)数据

民间资本对接"麦克米伦缺口"的法金融制度安排/
李阳等著. -- 北京:社会科学文献出版社,2020.6
ISBN 978 - 7 - 5201 - 6299 - 9

Ⅰ.①民… Ⅱ.①李… Ⅲ.①民间投资 - 资本管理 -
研究 Ⅳ.①F830.59

中国版本图书馆 CIP 数据核字(2020)第 033159 号

民间资本对接"麦克米伦缺口"的法金融制度安排

著　　者/李　阳　李　硕　麻　琳　井丽巍

出 版 人/谢寿光
组稿编辑/任文武
责任编辑/张丽丽
文稿编辑/高　启

出　　版/社会科学文献出版社·城市和绿色发展分社 (010)59367143
　　　　　地址:北京市北三环中路甲 29 号院华龙大厦　邮编:100029
　　　　　网址:www.ssap.com.cn
发　　行/市场营销中心 (010)59367081　59367083
印　　装/三河市龙林印务有限公司

规　　格/开　本:787mm × 1092mm　1/16
　　　　　印　张:13.75　字　数:143 千字
版　　次/2020 年 6 月第 1 版　2020 年 6 月第 1 次印刷
书　　号/978 - 7 - 5201 - 6299 - 9
定　　价/78.00 元

本书如有印装质量问题,请与读者服务中心 (010 - 59367028)联系